本书由南京大学文学院副院长、
中国古代文学教授苗怀明博士审订，
特此致谢。

把成语用起来

一读就会用的

分类成语故事 五

勤奋和进取 · 功名和权势

歪歪兔童书馆 / 编著

海豚出版社
DOLPHIN BOOKS
中国国际传播集团

09／勤奋和进取

熟能生巧	4	目不窥园	24	磨杵成针	46
宵衣旰食	6	囊萤映雪	26	一鼓作气	48
孔席不暖，墨突不黔	8	凿壁偷光	28	半途而废	50
得过且过	10	悬梁刺股	30	知难而退	52
攻苦食淡	12	生吞活剥	32	以身作则	54
呕心沥血	14	囫囵吞枣	34	闻鸡起舞	56
争先恐后	16	专心致志	36	卧薪尝胆	58
不遗余力	18	程门立雪	38	中流击楫	60
赴汤蹈火	20	精卫填海	40	乘风破浪	62
韦编三绝	22	水滴石穿	42		
		磨穿铁砚	44		

10/ 功名和权势

一鸣惊人	64	亡戟得矛	80	三旨相公	98
出人头地	66	楚弓楚得	82	炙手可热	100
衣绣夜行	68	惜指失掌	84	一人得道，鸡犬升天	102
蜗角虚名	70	贪小失大	86		
遗臭万年	72	合浦还珠	88		
众望所归	74	劳苦功高	90		
功败垂成	76	贪天之功	92		
成也萧何，败也萧何	78	十羊九牧	94		
		尸位素餐	96		

附录／分类成语　104

熟能生巧
shú néng shēng qiǎo

宋·欧阳修《欧阳文忠公文集·归田录》:"乃取一葫芦置于地,以钱覆其口,徐以杓(sháo)酌油沥之,自钱孔入而钱不湿,因曰:'我亦无他,惟手熟尔。'"

释 一件事做熟练了就能找到窍门。

近义 勤能补拙 驾轻就熟 游刃有余

反义 半路出家 半途而废 浅尝辄止

宋朝时有一位官员叫陈尧（yáo）咨，他十分善于射箭，并以自己的箭术为傲。

一天，陈尧咨在自家院子里练习射箭，一位卖油的老翁恰巧路过，便放下担子在一旁好奇地观看。陈尧咨以为一定是自己高超的箭术把老翁吸引住了，于是练得更加起劲，每射十支箭，都有八九次能中靶。他扬扬得意地朝老翁看去，但老翁的脸上并没有露出很钦佩的表情，只是微微点头表示赞许。

陈尧咨不满地问：“你会射箭吗？我的箭术难道不够精湛吗？”老翁平静地回答道：“其实你的箭术也没什么了不起的，只不过是因为熟练而已。”

陈尧咨听后非常气愤，大叫道：“你竟敢小瞧我！”老翁并不惧怕，也不生气，而是说：“凭我倒油的经验可以让你明白这个道理。”陈尧咨十分不屑地说："不过是倒油罢了，哪能和我的武艺相比！"

老翁淡淡一笑，拿出一个口很小的葫芦放在地上。陈尧咨心想：这葫芦口也太小了吧！随后，老翁竟然又拿出一枚铜钱盖在葫芦口上。看着铜钱中间的小孔，陈尧咨更加惊讶了："这么小的孔，油怎么可能倒得进去？"

只见老翁舀了一勺油，不慌不忙地开始倒。陈尧咨瞪大眼睛仔细看，只见倒出的油如同一条细线一般，源源不断地注入葫芦里，竟然一滴也没有洒出来，也完全没有沾到钱孔上！这让他目瞪口呆，不禁赞叹道："这真是高超的奇技呀！"

老翁却说："我这倒油的本领也没什么大不了的，就和你的箭术一样，都只是因为熟练罢了。"

陈尧咨感到十分羞愧，于是恭恭敬敬地把老翁送走了。从这之后，他更加刻苦地练习射箭，再也不像以前那样骄傲自大了。

🌰 例句

🌰 俗语说的"熟能生巧"，舅兄昨日读了一夜，不但他已嚼出此中意味，并且连寄女也都听会，所以随问随答，毫不费事。（清•李汝珍《镜花缘》）

🌰 他天天练习踢足球，自然熟能生巧，现在已经会"倒挂金钩"了。

成语个性

本故事中的陈尧咨文武兼备，他和大哥陈尧叟都在科举考试中中了状元，二哥陈尧佐也中了进士，当时三兄弟名震全国。

宵衣旰食
xiāo yī gàn shí

五代后晋·刘昫(xù)《旧唐书·刘蕡传》:"若夫任贤惕厉,宵衣旰食,宜黜左右之纤佞(nìng),进股肱之大臣。"

释 宵：夜晚。旰：晚上。天不亮就穿衣起来，天黑了才吃饭。形容非常勤劳，多用来称颂帝王勤于政事。

近义 握发吐哺　日理万机　励精图治　**反义** 好逸恶劳　得过且过　游手好闲

唐朝时期，有一个人叫刘蕡（fén），他从小刻苦学习，不仅学识渊博，而且有着远大的理想。

唐文宗即位后，下令全国各地推荐贤才进京应试。刘蕡早就有报效国家的宏志，他抓住这次机会，赶到京城参加了考试。

在考卷中，刘蕡痛批朝中太监专权，建议皇帝要时常提醒自己，天不亮就穿衣服起来处理政事，忙到天黑再吃饭，罢免身边的奸人，任用贤良有才能的大臣。这样国家才能治理好，百姓们才能安居乐业。

三个主考官看了刘蕡的文章，都十分欣赏，可他们害怕得罪朝中当权的太监，招来杀身之祸，所以不敢录用他。

当时，这件事轰动天下，刘蕡的文章被很多正直的读书人传读。这篇文章言辞恳切、慷慨激昂，谈论的是人人都想说，却没人敢说的事。有的人看着看着，义愤填膺，以至于流下泪来。

这次考试总共录取了二十二个人，其中包括唐代著名诗人杜牧，但他并没有对刘蕡未被录用这件事发表评论。倒是有一个叫李郃（hé）的人能够仗义执言，他向朝廷上书说："我的文章远没有刘蕡的好，他没有被录取，我却被录取了，这实在是令人遗憾。请把我的名额让给刘蕡！"

这个名额自然是让不了。不过，刘蕡的正直和才华还是受到了那些正直官员的赏识，后来也得到了被任用的机会。可是奸臣们一直视刘蕡为眼中钉，胡乱编了些罪名诬告他，刘蕡因此被贬到现在的广西柳州当了个小官，最后在任上去世。

例句

🍄 勤民听政，旰食宵衣。（南朝陈·徐陵《陈文帝哀册文》）

🍄 校长快六十岁了，仍然宵衣旰食，勤奋工作，让全校师生都非常敬佩。

成 语 个 性

也写作"旰食宵衣"。

孔席不暖，墨突不黔

汉·班固《答宾戏》："是以圣哲之治，栖栖遑遑，孔席不暖，墨突不黔。"

释 突：烟囱。黔：黑色。孔子、墨子四处周游，宣传自己的主张，每到一处，坐席没有坐暖，灶台上的烟囱没有熏黑，就又匆匆赶到别处去了。形容忙于世务，四处奔走，无暇休息。

近义 席不暇暖 日无暇晷 日理万机 **反义** 饱食终日，无所用心 无所事事

春秋时期，鲁国人孔子极力宣扬"仁爱"思想，并希望能得到君王的任用。

孔子到了齐国，受到齐国国君齐景公的赏识，但国相晏子认为他的主张不切实际，因此没有重用他。

孔子回到鲁国后，被任命为大司寇，负责法令的实施。后来，孔子对国内的政治十分失望，便对自己的学生们说："我们在鲁国是没有前途的，只能去别处施展自己的抱负了。"

就这样，孔子带着学生们开始周游列国，向各国国君阐述自己的政治主张。他到处奔波，一刻也不停歇，每到一处，连铺在地上的坐席都没有坐暖和，就匆匆起身

09 勤奋和进取 / 忙碌·孔席不暖·墨突不黔

离开，去往下一个地方。

孔子一生都在钻研政治和教育，孜孜不倦，被后世尊称为"圣人"，他的一系列思想和主张被后世称为儒家学说。

战国时期，宋国有个人名叫墨翟(dí)，也就是墨子。墨子看到百姓连年遭受战争之苦，被迫离开家乡，流离失所，心中悲愤不已。他反对恃强凌弱的侵略和争霸战争，极力主张各国停止纷争。

墨子心系天下百姓，四处奔走游说。他居无定所，常年漂泊，到一个地方住下后，灶台上的烟囱还没有被烧柴火冒出的烟熏黑，就急急忙忙地赶往别的地方。墨子的辛苦没有白费，许多人赞同他的思想并追随他，成为他的学生，将墨家学说发扬光大。

例句

- 弟生平播迁，过于孔席墨突，以此拙稿散佚(yì)殆尽。(明·卓发之《与薛岁星书》)
- 这些年来，他为了宣传环保四处奔波，"孔席不暖，墨突不黔"，让越来越多的人提高了环保意识。

成语个性

此成语也写作"孔席墨突"。儒家的核心思想是追求"仁、义、礼、智、信"，要求君王仁政爱民，以德服民。墨家的核心思想是"兼爱、非攻"，即要求君王爱护全天下百姓，包括其他国家的百姓，停止战争，和儒家思想有相似之处。

得过且过
dé guò qiě guò

元·陶宗仪《南村辍耕录·寒号虫》:"五台山有鸟,名寒号虫……比至深冬严寒之际,毛羽脱落,索然如鷇(kòu)雏,遂自鸣曰:'得过且过。'"

释 得:能够。且:暂且。能过一天暂且算一天。比喻胸无大志,没有长远打算。现在也指工作时敷衍了事,不尽心尽力。

近义 苟且偷生 醉生梦死 听天由命　**反义** 一丝不苟 精益求精 奋发图强

传说在五台山,有一种美丽的鸟儿叫寒号鸟。寒号鸟长着一身漂亮的羽毛,五彩缤纷、鲜艳夺目。它的眼睛晶莹剔透,身子圆滚滚的,十分可爱。

寒号鸟为自己这美丽的外表感到十分骄傲,整天在大家面前炫耀。它生怕飞得太高了,其他小动物看不清楚自己漂亮的羽毛,于是飞得很低,后来干脆不飞了,停在树上好让大家看个够。久而久之,它的翅膀退化了,却多长出了两条腿,没有了鸟的样子,于是大家都叫它"寒号虫"。

夏天的时候,

五台山上十分清凉，寒号虫快乐地在草地上打滚，在溪流里嬉戏，日子过得很快活。它的邻居喜鹊却整日忙忙碌碌地飞来飞去。寒号虫问："你在忙什么呀？"喜鹊说："我在忙着找树枝搭窝呢！等到秋天来了，我就不怕那萧瑟的秋风了。你也快些搭窝吧！"寒号虫却嘲笑它说："真是只傻喜鹊！离秋天还远着呢，现在阳光正好，何不快乐地玩耍呢？"

秋天来了，树叶都枯黄了，一阵阵寒意袭来，喜鹊依旧忙忙碌碌。寒号虫躺在岩石缝里取暖，见了喜鹊，问："你又在忙什么呀？"喜鹊回答说："我在忙着收集果实准备过冬呢！等到冬天来了，我就不会挨饿了。我劝你也快点收集过冬的果实吧！"寒号虫打了个哈欠说："傻喜鹊，这岩石缝里多么暖和，正好睡觉。为什么不晒着这暖洋洋的太阳，美美地睡一觉呢？"喜鹊没有理会它，继续辛勤地收集着果实。

冬天来了，寒风呼啸，喜鹊在自己温暖的窝里舒舒服服地睡着，寒号虫却冻得瑟瑟发抖，身上的羽毛也脱落了。它哆哆嗦嗦地叫着："冷死我了！明天我就搭窝！"可是，第二天太阳升起来，寒号虫又忘了搭窝这回事。就这样日复一日，寒号虫每天都说："等过完今天，明天我就搭窝！"

春天来了，温暖的阳光照耀着大地，万物都复苏了。喜鹊从自己的小窝里出来，在林子里快乐地飞翔。忽然，它想起了寒号虫，便站在枝头呼唤它。可是，寒号虫早在冬天里冻死了。

09 勤奋和进取／懒惰，得过且过

🍫 例句

🐾 但是吃烟人的脾气，总是得过且过，哪一个是真心肯戒。（清·彭养鸥《黑籍冤魂》）

🐾 一个人如果没有明确的目标和长远的计划，总是得过且过，必将碌碌无为。

成语个性

山西五台山是我国佛教"四大名山"之一，另外三座分别是浙江普陀山、安徽九华山和四川峨眉山。五台山又是一处避暑圣地，炎夏时节也十分凉爽，因此又被称为"清凉山"。

攻苦食淡

gōng kǔ shí dàn

汉·司马迁《史记·刘敬叔孙通列传》："吕后与陛下攻苦食啖，其可背哉！"

释 做艰苦的工作，吃粗茶淡饭。形容人不求享乐，刻苦自励。

近义 克勤克俭 卧薪尝胆　　**反义** 拈轻怕重 避劳就逸

秦朝末年，有一位儒生叫叔孙通，因为知识渊博，被秦二世封为博士。秦朝灭亡后，叔孙通便投靠了汉王刘邦。刘邦见他是个学识渊博的贤才，便也拜他为博士。

在刘邦统一天下、建立汉朝后，叔孙通结合秦朝以前的古法，为汉朝制定了繁简得当的仪法，深得刘邦欢心，因此受到赏识，负责掌管宫中所有礼节事务。

汉高祖刘邦的宠妃戚夫人年轻貌美，温柔如水；而他的结发妻子吕后人老珠黄，性格刚烈，因此高祖十分偏爱戚夫人。戚夫人生了一个儿子，名叫刘如意。当时的太子是吕后的儿子刘盈。戚夫人仗着自己有帝王的宠爱，野心渐渐大了起来，便怂恿高祖废除太子刘盈，改立刘如意为太子。高祖因为太过喜爱戚夫人，又觉得刘盈生性懦弱，没有帝王之相，便准备答应。

叔孙通得知后，马上进谏道："国家不能没有礼数。从前，晋献公因为宠幸骊（lí）姬而废掉太子，立了奚齐，导致晋国大乱几十年；秦王也因没有早早确立扶苏为太子，被奸人赵高用阴险手段立了胡亥，导致秦朝覆灭！这些都是活生生的例子呀！如今太子刘盈仁义忠孝，天下人都知晓，何况吕后当初与您出生入死，共历艰辛，同吃粗茶淡饭，您怎么能背弃她呢？如果您一定要一意孤行，不顾礼法，废除嫡长子，我宁愿一死！"

高祖听后十分心虚，担心自己破坏礼法受到后世耻笑，也担心会发生像晋、秦那样的祸乱，只好打消了改立太子的念头。

例句

- 得瑗所授经，熟读精思，攻苦食淡，夏不扇，冬不炉，夜不安枕者逾年。（元·脱脱《宋史·徐中行传》）
- 爸爸和工友们攻苦食淡，克服重重困难，终于按质按时完成了新大桥的建设。

成语个性

此成语也写作"攻苦食俭""攻苦食啖"。成语"不足挂齿"也是出自叔孙通的典故。秦朝末年，陈胜在山东聚众起兵，秦二世召来叔孙通等儒生询问意见，其他儒生都说这是造反，要马上派兵镇压，惹得秦二世大怒。叔孙通为免遭秦二世责罚，故意奉承他说："秦朝礼法完备，四方都归顺朝廷，没人敢造反，这肯定只是小小盗贼作乱，不值得挂在嘴边说。"秦二世高兴地重赏了他。

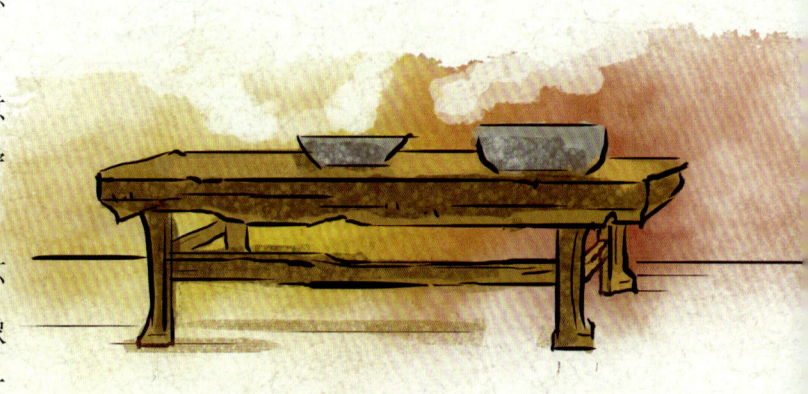

呕心沥血
ǒu xīn lì xuè

唐·李商隐《李长吉小传》："太夫人使婢受囊出之,见所书多,辄曰：'是儿要当呕出心始已耳！'"

释 呕:吐。沥:滴。比喻费尽心血。多形容为事业、工作、文艺创作等费尽心思和精力。

近义 煞费苦心 鞠躬尽瘁,死而后已　**反义** 无所用心 粗制滥造 敷衍了事唐朝有位诗人叫李贺，是唐朝开国皇帝李渊叔父的后代，不过到他父亲这一辈时，家族早已经衰落。

李贺从小酷爱写诗。据说他七岁这年，有一次，他父亲的两位朋友，当时的大文学家韩愈和皇甫湜（shí）来他家做客，父亲命他出来拜见。听说小李贺才思敏捷、天赋过人，韩愈便当场出题，让他作一首诗。只见李贺略一思索，就提笔写成了一首《高轩过》，韩愈和皇甫湜读完后深表赞服。这件事传开后，轰动京城，李贺很快便名扬文坛。李贺写下了许多流传千古的佳句，他创作的诗歌想象奇诡、瑰丽空灵，他也因此被人们称为"诗鬼"。

李贺的成就主要归功于他的刻苦好学、勤思苦练。每天清晨，他都会拿着一叠纸，骑着一匹马，带着一名家仆外出游览，寻找作诗素材。家仆会随身背着一个书袋，李贺一旦有了灵感，就立刻停下来，在马背上作诗，写完后把纸卷起来，放进书袋中。他还有一个习惯，就是作诗时从来不先写题目，而是等回到家中把草稿整理好以后，再根据诗的内容确定题目。这样做是为了避免自己的思路被题目限制住，写出一些死板的劣作。

李贺的母亲见儿子每次回来时，家仆的书袋都装着满满一袋诗稿，便心疼地说："你这孩子，真是被诗彻底迷住了！恐怕写诗要写到把心肝呕出来才肯罢休啊！"

就这样日复一日，年复一年，除非自己喝醉了或者家中有亲人去世需要吊丧，否则他从不间断写诗。只可惜天妒英才，李贺二十七岁便去世了。

例句

● 我的舞台，几年来在这里演呕心沥血的戏，现在被撑下来了。（叶圣陶《抗争》）

● 王老师呕心沥血、辛勤付出，受到学生们的尊敬。

成语个性

在本故事中，李贺的母亲说"是儿要当呕出心始已耳"；唐代韩愈的诗句"刳（kū）肝以为纸，沥血以书辞"，把肝剖开来当纸，以血为墨写成诗文，后人就把"呕心""沥血"连起来，形成了这个成语。

争先恐后

zhēng xiān kǒng hòu

战国·韩非《韩非子·喻老》:"今君后则欲逮臣,先则恐逮于臣。夫诱道争远,非先则后也,而先后心皆在于臣,上何以调于马?此君之所以后也。"

释 抢着向前,唯恐落后。

近义 不甘人后 力争上游 争强好胜

反义 慢条斯理 蜗行牛步 裹足不前

春秋末期,晋国贵族赵襄子请王子期教他驾马车的技术。王子期教得十分认真,把自己知道的毫无保留地教授了。

学了一阵子后,赵襄子问:"你把驾马车的技术都教给我了吗?"

王子期答道:"当然,我已经把我的技术全都教给您了。"

赵襄子说:"那好,我要跟你比赛,看谁驾车快!"王子期答应了。

比赛正式开始,王子期淡定自若,心无旁骛(wù),抓紧缰绳专心驾马。而赵襄子十分紧张,一直盯着王子期的马车,一会儿超越到前面,一会儿又被甩在后面。这样一来,

赵襄子更加慌乱了，不一会儿就被王子期甩下了一大截。

比赛结束后，赵襄子不服气，心想：肯定是他的马比我的强壮，跑得比我的马快，所以我才会输。于是，他要求换一匹再赛，王子期又答应了。

第二次比赛赵襄子又输了，他还是不服，要求第三次换马再赛。结果第三次败得更惨。

赵襄子生气地质问道："你肯定没有把真本领教给我，不然我为什么一次也赢不了你呢？"

王子期笑了笑，说："您别生气，我保证已经把所学都教给您了，但您并没有好好运用。驾车最重要是人、马、车相协调，这样速度自然就快了。而您只想着要赢得比赛，一落后就拼命鞭打马，争着向前；一超过我就不时回头看，生怕再次落后。您把心思都放在我身上，而没有专心考虑怎么驾好马车，这样怎么能让马与车协调前进，怎么可能赢得比赛呢？"

赵襄子听后感到十分羞愧，从此驾马时不再三心二意，技术果然大有进步。

成语个性

这个成语最初是贬义词，用来讽刺一个人争强好胜。但现在感情色彩有所改变，也作褒义用，形容战士奋勇冲锋、工人努力工作、运动员全力拼搏等。

例句

- 船到了广州，每个客人争先恐后地上岸，扶梯上变得格外拥挤了。（巴金《旅途随笔·香港小火轮》）
- 下课了，同学们争先恐后地向操场跑去。

不遗余力
bù yí yú lì

汉·刘向《战国策·赵策三》:"秦之攻我也,不遗余力矣,必以倦而归也。"

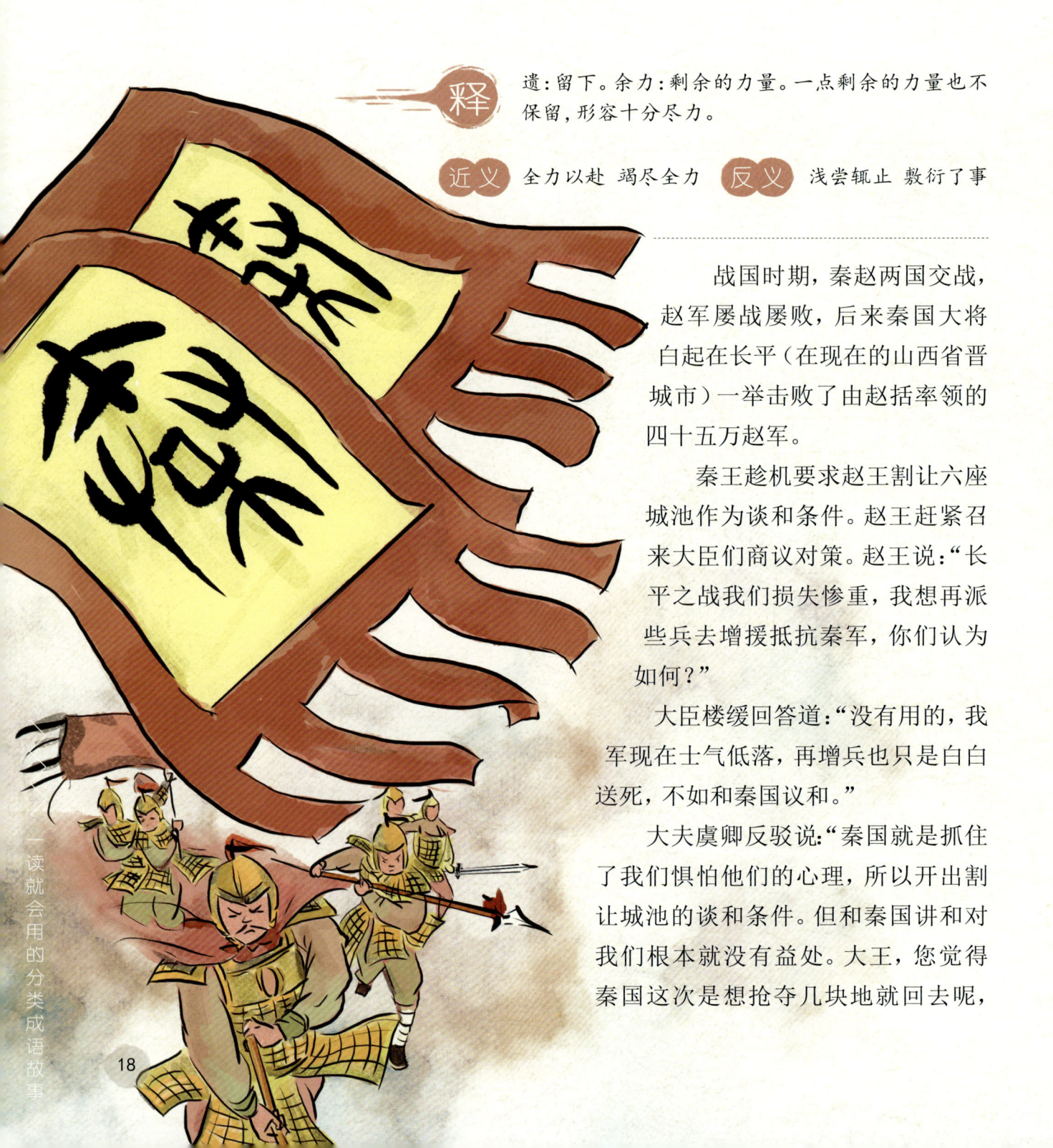

释 遗:留下。余力:剩余的力量。一点剩余的力量也不保留,形容十分尽力。

近义 全力以赴 竭尽全力 **反义** 浅尝辄止 敷衍了事

战国时期,秦赵两国交战,赵军屡战屡败,后来秦国大将白起在长平(在现在的山西省晋城市)一举击败了由赵括率领的四十五万赵军。

秦王趁机要求赵王割让六座城池作为谈和条件。赵王赶紧召来大臣们商议对策。赵王说:"长平之战我们损失惨重,我想再派些兵去增援抵抗秦军,你们认为如何?"

大臣楼缓回答道:"没有用的,我军现在士气低落,再增兵也只是白白送死,不如和秦国议和。"

大夫虞卿反驳说:"秦国就是抓住了我们惧怕他们的心理,所以开出割让城池的谈和条件。但和秦国讲和对我们根本就没有益处。大王,您觉得秦国这次是想抢夺几块地就回去呢,还是一心要灭我赵国?"

赵王思考了一会儿,忧心忡忡地说:"秦国这次攻打我们,没有留一点剩余的力气,看来是存心灭我赵国才肯罢休啊!"

虞卿说:"这就对了,所以我们不应该和秦国讲和,而应该带着珍宝钱财去结交楚国和魏国。秦国见到我们和楚魏两国联合,必定会有所忌惮而撤兵。"

但赵王担心惹怒了秦国,最终没有采纳虞卿的建议,而是派了郑朱到秦国谈和。

虞卿见事已至此,叹息道:"和谈一定会失败的,郑朱是我国的名士,秦国必定会借此事来炫耀,向天下人宣告我们赵国怕了他们秦国,从而更加嚣张。楚国和魏国见到我们去巴结秦国,必定不会来援助我们。"后来,果然如虞卿所料,秦国不肯和赵国和谈。赵王后悔没有听虞卿的建议,但为时已晚。

此后的三十年里,赵国一直以割让城池作为条件来换取秦国暂时退兵,一点点被蚕食,最终被秦国彻底吞并了。

勤奋和进取 / 进取·不遗余力

例句

委员和事,调停惟赖孔方;绅士责言,控诉不遗余力。(清·李宝嘉《文明小史》)

老师把毕生所学不遗余力地教给学生,希望学生们将来能成为国家栋梁。

成语个性

这个故事发生的背景是长平之战中赵国大败。赵国之所以惨败,主要原因就是因为任用了只会"纸上谈兵"的赵括为主帅。赵括熟读兵书,谈起兵法来头头是道,自以为能够带兵打仗,因此向赵王请求率兵上阵。赵括的母亲说儿子只会空谈兵法,并没有实战经验,劝赵王不要让他带兵,但赵王不听。果然,在赵括的错误指挥下,赵军惨败。"纸上谈兵"这个成语正是出自赵括的故事,后用来比喻不切实际的空谈。

赴汤蹈火
fù tāng dǎo huǒ

战国·荀况《荀子·议兵》：「以桀诈尧，譬之若以卵投石，以指挠沸，若赴水火，入焉焦没耳。」

释 赴：奔向。汤：开水。蹈：踩。比喻不避艰险，奋勇向前。

近义 出生入死　舍生忘死　奋不顾身

反义 贪生怕死　畏缩不前　知难而退

东汉末年,诸侯争霸,汉皇室已经名存实亡。汉皇室的后代刘表广纳贤才,恩威并用,占据了荆州一带。

当时有一个叫韩嵩的人,他学识渊博,有很高的名望。韩嵩早已预料到世道将乱,因此隐居深山,闭门不出。刘表听说他是个人才,强迫他出来做官,为自己办事。韩嵩无奈之下只好答应了。

后来,刘表要到郊外去祭天,韩嵩劝阻说:"祭天是天子的特权,您这样做岂不是要破坏等级礼制吗?实在是不妥啊!"刘表却不听,一意孤行。

北方的曹操挟天子以令诸侯,实力越来越强大,韩嵩又对刘表说:"曹操现在手握重兵,占领了北方重要地盘,您不如归顺于他为自己谋条出路,避免日后兵戎相见。"

刘表大怒道:"我看你是曹操派来的奸细!"

韩嵩一听,惶恐地说:"您要相信我!我对您忠心一片,日月可鉴呀!"

刘表说:"那好,那你就到许都去,探一探曹操的虚实!"

韩嵩说:"您就算让我跳进滚烫的热水里,踏进熊熊的烈火里,我也决不推辞!"

韩嵩去到许都,见过曹操回到荆州后,向刘表禀报说:"曹操是个礼贤下士的人。他善于管理军队,军纪严明,王都一带也在他的治理下变得十分繁荣昌盛。"

刘表听到韩嵩一直在极力称赞曹操,当即大怒,怀疑他已经被曹操收买了,立刻下令要把他处死,幸亏其他将士为他求情,才改为关进大牢。

后来曹操攻占荆州,释放了韩嵩。韩嵩感念曹操的知遇之恩,就投靠了他。

例句

- 我寻思起来,有三个人,义胆包身,武艺出众,敢赴汤蹈火,同死同生,义气最重。(明·施耐庵《水浒传》)
- 战士们为保护百姓的人身安全赴汤蹈火,是人民的英雄!

成语个性

这个故事出自晋代陈寿的《三国志·魏书·刘表传》。本成语常用的连用形式较多,如:赴汤蹈火,在所不辞;赴汤蹈火,万死不辞;赴汤蹈火,舍生忘死;赴汤蹈火,粉身碎骨;赴汤蹈火,义无反顾。

勤奋和进取 · 进取 · 赴汤蹈火

韦编三绝

wéi biān sān jué

汉·司马迁《史记·孔子世家》:
"(孔子)读《易》,韦编三绝。"

释 韦:熟牛皮。三:概数,表示多次。绝:断。编连竹简的皮绳磨断了三次。形容读书刻苦勤奋。

近义 悬梁刺股 牛角挂书 囊萤映雪

反义 不思进取 不求甚解 囫囵吞枣

春秋时期,纸张还没有被发明出来,人们看的书都是竹片做的:把竹子破开,削成一片片的细条,用小刀在上面刻字,或是用毛笔在上面写字。一根竹条上只能写一行字,多则几十个字,少则八九个字。然后把这些竹条用绳子按顺序编连起来,称

09 勤奋和进取 / 勤学·韦编三绝

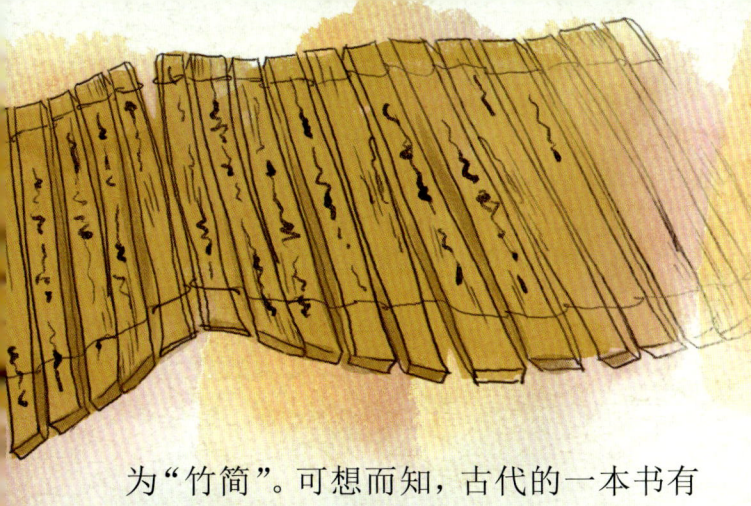

为"竹简"。可想而知，古代的一本书有多么沉重。

孔子是春秋时期鲁国人，我国古代著名的教育家、思想家，也是"儒家学说"的创立者。他熟读礼法诗书，后来成为鲁国的司寇，掌管纠察等事务。

有一次，齐国国君齐景公想和鲁国国君鲁定公商讨复兴齐国霸业的事宜，鲁定公带孔子一同前往。孔子到了齐国后，对齐景公谈起了自己心中的为君之道，齐景公听后十分赞赏，准备任用他。但是齐国的相国晏子却认为孔子的想法不切实际，便阻止了齐景公。

齐国大夫黎钼（chú）听完孔子的主张后，认为孔子是个不可多得的人才，如果让他继续留在鲁国做官，恐怕会对齐国不利。因此，黎钼给齐景公出了一个主意，让他给鲁定公送去一批国色天香的美人。鲁定公收到这份礼物后，果然受到了诱惑，天天和美人们纵情歌舞，连朝政也不管不顾了。

孔子见鲁定公如此昏庸，十分失望，于是离开了鲁国。从那以后，他带着一批学生周游列国，到处游说各国君王采纳自己的政治主张。只可惜，没有一个人重用他。

最后，身心疲惫且失望透顶的孔子回到了鲁国，不再理会世俗争斗，而是专心研究文化礼制和教育。他晚年尤其喜爱读《周易》，一部《周易》不知被他反反复复翻阅过多少遍，以至于结实的牛皮绳都被磨断了好几次。

即使这样，孔子还是认为自己对《周易》研究得不够透彻，他感慨地说："如果能让我再多活几年，我就可以读通这本书了。"由此可见孔子刻苦钻研的精神。

例句

- 圣者犹韦编三绝，以勤经业。（晋·葛洪《抱朴子·外篇·自叙》）
- 他读书时那种韦编三绝的精神值得我们学习。

成语个性

注意，韦读wéi。在古代，单片的竹简通常用丝线、麻绳、熟牛皮绳等编连起来，分别叫"丝编""绳编""韦编"。其中，"韦编"最为结实，所以简单的家书信件通常用"丝编"，字数繁多的史书典籍则用"韦编"。西汉时期，纸张被发明出来，直到东汉时期的蔡伦对造纸工艺加以改进，大大提升了纸张的质量，纸张才逐步取代了竹简。

目不窥园
mù bù kuī yuán

汉·班固《汉书·董仲舒传》："少治《春秋》，孝景时为博士。下帷讲诵，弟子传以久次相授业，或莫见其面。盖三年不窥园，其精如此。"

释 窥：看。形容学习专心致志，十分刻苦。

近义 专心致志 全神贯注 心无旁骛

反义 心猿意马 心不在焉 三心二意

勤奋和进取　勤学·目不窥园

西汉时有位大学问家叫董仲舒，他年少时读书十分刻苦，常常学到废寝忘食。

据说，董仲舒的父亲董太公心疼儿子，担心他读书读得太苦，因此命人在后宅修建一个大花园。

第一年，园子建成了雏形。春天，花园中阳光明媚，董太公让花匠在园子里种了很多美丽的鲜花，引来了成群的蝴蝶，在花丛中欢快地飞舞。见到如此生机勃勃的景象，董仲舒的兄弟姐妹们都迫不及待地跑进花园里玩。他们唤董仲舒一起，可他却拒绝说："你们玩吧，我要抓紧时间学习呢！"说罢继续捧着竹简阅读。

第二年，董太公让工匠在花园里建造了一座假山，假山高大雄伟，还有鸟儿在上面搭窝呢！连邻居家的孩子都跑过来，在假山上玩起了捉迷藏，欢声笑语充满了整个花园。大家又邀请董仲舒，但他头也不抬地说："你们玩吧，我要复习昨天学习的功课呢！"

第三年，花园彻底建成了，亲戚朋友们都来参观，纷纷夸赞道："这园子真是精致呀！"孩子们在花园里玩得不亦乐乎，董仲舒仍然在房间里埋头苦读。董太公来到他的房间，说："儿子，你可别把身子累坏了呀！出来走走吧，小伙伴们都在花园里玩呢！"董仲舒说："父亲，等我把这本书读完了就来。"董太公摇了摇头，无奈地走出房去。

三年里，董仲舒埋头苦学，对那美丽的花园一眼也没看过。他凭借这种刻苦用功的精神，读遍儒家、道家、法家等各家经典，最后成为西汉著名的学者，留名史册。

例句

- 那公子却也真个足不出户，目不窥园，日就月将，功夫大进。（清·文康《儿女英雄传》）
- 读书时不能一有风吹草动就分散注意力，要有目不窥园的精神，才能提高学习效率。

成语个性

董仲舒是汉武帝时期的名士，是我国古代著名的思想家和哲学家。他提出的"罢黜百家，独尊儒术"的政治主张被汉武帝采纳，由此确立了"儒家"学说的封建正统地位。他还提出了"天人感应""三纲五常"等理论，虽然这些理论并非全然正确，但总体来说，董仲舒的思想对后世影响深远。

囊萤映雪

南朝宋·檀道鸾《续晋阳秋》:"(车胤)家贫,不常得油,夏日用练囊盛数十萤火,以夜继日焉。"唐·李延寿《南史·范云传》:"父(孙)康,起部郎,贫,常映雪读书。"

释 囊萤:用口袋装萤火虫来照明读书。映雪:借着雪地的反光来读书。形容在极端艰苦的条件下勤奋努力学习。

近义 悬梁刺股 凿壁偷光

东晋时期,有个读书人叫车胤(yìn),学习十分刻苦。只可惜他家境贫寒,连点灯的灯油都买不起。到了夜里,屋子里一片漆黑,伸手不见五指,根本无法看书。因此,每到夕阳西下时,他都十分沮丧,却又无可奈何,只能在黎明时分早起,抓紧白天有亮光的时候拼命苦读。

09 勤奋和进取 勤学·囊萤映雪

一个夏夜，车胤正在黑暗中背诵白天读过的文章。这时，他看见空中有许多星星点点的亮光飞来飞去，仔细一看，原来是萤火虫！他想：如果多抓一些萤火虫装到袋子里，这点点亮光聚集到一起，不就成了一盏灯吗？

于是，他立即找来一个纱囊，抓了几十只萤火虫装进去。萤火虫的光芒一闪一闪的，照亮了他的书本，他高兴极了。解决了照明问题后，车胤从此不分昼夜，更加专心读书。

东晋时还有个叫孙康的读书人，家境也十分贫穷。孙康白天要帮家里干活，没时间读书。到了晚上，没有灯油，同样无法看书，因此他十分苦恼。

在冬天的一个雪夜里，孙康从睡梦中醒来，发现窗外十分透亮。他赶紧穿衣起床出来察看，原来是大雪反射的光！从那以后，每个有雪的夜晚，孙康都不顾寒风刺骨，坐到门口，借着雪地的反光读书，即使手脚冻僵了，脸颊冻皲（jūn）裂了，也从不间断。

正是凭着这种刻苦学习的精神，车胤和孙康最终都学有所成，成为当时著名的学者。

后来，人们根据"车胤囊萤照书"和"孙康映雪读书"这两个故事，合成了"囊萤映雪"这个成语，勉励大家珍惜时间，克服困难，努力学习。

例句

🍂 虽无汗马眠霜苦，曾受囊萤映雪劳。（元·贾仲名《萧淑兰》）

🍂 古人囊萤映雪的做法不值得效仿，但这种刻苦学习的精神值得我们学习。

成语个性

"囊萤映雪"是由两个典故合成的，分开来就成了两个成语：囊萤照书、映雪读书。注意"萤"字不要误写为"荧"。文中提到的抓萤火虫的做法是不值得提倡的，萤火虫的生命十分脆弱，把它们关在一个密闭的空间中很容易死去，我们要爱护大自然的小精灵哟！

凿壁偷光

zán bì tōu guāng

晋·葛洪《西京杂记》："衡乃穿壁引其光,以书映光而读之。"

释 原指西汉时匡衡凿穿墙壁引邻居家的烛光来读书。后用来形容家贫仍坚持刻苦勤奋地学习。

近义 废寝忘食 焚膏继晷(guǐ)

西汉时期的匡(kuāng)衡,小时候家境十分贫困,不仅没钱买书,连点灯的油也买不起。

他的邻居家境不错,家里有许多藏书,但是从来不借给别人。于是匡衡对邻居说:"我愿意给您白干农活,不要工钱。"邻居十分惊讶,问道:"你为什么肯这么做?"匡衡说:"我很喜欢读书,只可惜家里穷,没钱买书,我想用自己的劳动换得借您的书看。"邻居被匡衡好学的精神感动了,心想,借书又没有损失,还有人帮着干农活,何乐而不为呢?于是高兴地答应了。

就这样,匡衡终于有书看了。可是,他白天要干活,没时间看书,到了晚上又没有灯照明,怎么看书呢?

这天晚上,匡衡突然发现墙壁的缝隙中隐隐约约有些亮光。原来,他家和邻居家仅仅一墙之隔,所以邻居家的灯光可以从缝隙中透过来。他灵机一动,心想:如果把这条小缝凿大一点,不就有更多的光了吗?于是,他偷偷把墙壁凿穿一个小洞,让一束微弱的光线照进来,借着这束光,就可以看清书上的字了。就这样,匡衡白天辛勤地干活,晚上利用这个小洞照明,孜孜不倦地苦读。

后来,匡衡的邻居发现了这个秘密,不但没有责骂他,反而被他刻苦学习的精神深深打动,就收他做了书童。从此,匡衡终于可以专心致志地读书了,他十分珍惜这样的机会,更加努力,长大后终于成为了知识渊博的大学者。

09 勤奋和进取 / 勤学·凿壁偷光

例句

- 枉了你穷九经三史诸子百家，不学上古贤人囊萤积雪，凿壁偷光，则学乱作胡为。（元·乔吉《金钱记》）
- 虽然我们现在物质生活条件好了，但古人凿壁偷光的刻苦精神仍然值得我们学习。

成语个性

这个成语最早为"穿壁引光"，也可以写作"凿壁借光"。我们要学会正确看待这个故事：破坏别人的财物是不可取的，匡衡这种刻苦学习的精神是值得我们学习的。

悬梁刺股
xuán liáng cì gǔ

汉·刘向《战国策·秦策一》:"读书欲睡,引锥自刺其股,血流至足。"汉·班固《汉书》:"及至眠睡疲寝,以绳系头,悬屋梁。"

释 股:大腿。怕困倦影响学习,把头发吊在屋梁上,用锥子刺大腿让自己清醒。形容学习勤奋刻苦。

近义 凿壁偷光 囊萤映雪

战国时期,秦国逐渐强大起来,成为"战国七雄"之首。

有一个人叫苏秦,年少时就胸怀大志,要成就一番事业。他变卖了自己的所有家产,买了一套华丽的行装前往秦国,想要游说秦惠王以"连横"的方法来统一中国,但秦惠王没有采纳他的意见。他又到别的国家寻找做官的门路,可惜始终没有人任用他。后来,他身上的钱全都花光了,只好打道回府。

回到家乡后，苏秦并没有灰心丧气。当天晚上，他就打开自己的几十个书箱，找出姜太公著写的兵书《阴符》，刻苦攻读。从此每天都是如此，晚上经常读到深夜，有时实在太困了，不知不觉伏在桌上就睡着了。一觉睡醒后，他十分懊悔浪费了这么多本可以用来学习的时间。于是他想出了一个办法：再读书时，手里拿一个锥子，觉得困时，就狠狠地用锥子扎自己的大腿。这样一来，剧烈的疼痛感一下就使他彻底清醒了。有时候扎得太用力，大腿都被扎破了，血一直流到脚背。

就这样，苏秦苦读了一年。除了兵书，他还仔细研究了各国的地形、政治状况和军事实力，对各国情况，以及天下整体形势都有了透彻的了解。他再次出发周游列国，终于说服了其他六国"合纵"抗秦，成为历史上唯一一个手握六国相印的人。

东汉时，有一个叫孙敬的年轻人，他从小好学，经常把自己关在屋里读书，周围的人们都叫他"闭户先生"。他整日勤学苦读，看书看到深更半夜仍舍不得去睡。为了防止自己打瞌睡，他把头发束起来，用绳子拴在房梁上，打盹时只要一低头，头皮就会被扯得生疼，人也会立刻清醒过来，继续读书。

凭着这种刻苦勤奋的精神，孙敬后来成了一个声名远扬的大学者。

09 勤奋和进取 / 勤学 悬梁刺股

例句

🍂 岂不闻古之人悬梁刺股，以志于学。（明·徐霖《绣襦记》）

🍂 一个人读书如果能有悬梁刺股的精神，怎么可能学不好？

成语个性

这个成语由"头悬梁""锥刺股"两个典故组成，也写作"刺股悬梁"。"战国七雄"指战国时的七大强国，分别是齐国、楚国、秦国、燕国、赵国、魏国、韩国。其中，秦国在西方，其他六国在秦国的东方。故事中提到的"连横"，是指秦国分别与六国结盟的外交策略，在地理方位上是横向联合。"合纵"则与"连横"相反，是指南北方的六国实行纵向联合，一起对抗强大的秦国的外交策略。

生情镂月成歌扇
出意裁云作舞衣
照镜自怜回雪影
时来好取洛川归

生吞活剥
shēng tūn huó bō

唐·刘肃《大唐新语·谐谑（xuè）》："有枣强尉张怀庆，好偷名士文章……人谓之谚曰：'活剥王昌龄，生吞郭正一。'"

释 原指生硬搬用别人的文辞。现比喻不联系实际，生硬地模仿或套用别人的经验、理论、方法等。

近义 囫囵吞枣 生搬硬套　**反义** 触类旁通 融会贯通

勤奋和进取 / 学习态度·生吞活剥

唐朝时期，枣强县（现在的河北省枣强县）有一个县尉叫张怀庆，他胸无点墨，却喜欢假装斯文，常常抄袭别人的诗作文章，稍微改几个字就当作是自己写的，并以此炫耀，大家都在暗地里嘲笑他。

朝廷里一位叫李义府的大臣写了一首诗，名为《杂曲歌辞·堂堂》，其中有四句是："镂月成歌扇，裁云作舞衣。自怜回雪影，好取洛川归。"大意是：有位漂亮的姑娘，拿着用圆月雕镂而成的漂亮团扇，穿着用彩云剪裁而成的飘逸舞衣。姑娘体态轻盈，宛若飞舞的雪花，惹人怜爱。潇洒的公子啊，路过洛水时就把这位姑娘迎回来吧！

张怀庆看到这首诗后非常喜欢，接着就动起了歪念头。于是，他大笔一挥，在每句前面加了两个字，改成："生情镂月成歌扇，出意裁云作舞衣。照镜自怜回雪影，时来好取洛川归。"

本来原诗文字精练，意境美妙，饱含真情实感，但是张怀庆加了几个字之后就变得文理不通，不知所云。但他仍不自知，还拿着这首诗到处送人，并宣称是自己写的，惹得大家都取笑他。

当时，朝中有两个以诗词闻名的官员，一个是王昌龄，一个是郭正一，他们的作品也经常被张怀庆生搬硬套地改编成词不达意的劣作。因此有人编了两句顺口溜来笑话他："活剥王昌龄，生吞郭正一。"后来人们就根据这句话，引出了"生吞活剥"这个成语。

例句

- 如果生吞活剥地把外国的风俗习惯移植到我们的社会里来，则必窒碍难行，其故在不服水土。（梁实秋《雅舍小品·洋罪》）
- 不管是学习上还是生活上，遇到困难时都应当自己先思考判断，而不是生吞活剥别人的方法，别人那一套对自己不一定适用。

成语个性

本故事中，李义府的诗句"镂月成歌扇，裁云作舞衣"也出了一个成语：镂月裁云，也写作"裁云镂月"，形容器物制作精巧，或是诗文创作清婉秀丽。

囫囵吞枣
hú lún tūn zǎo

宋·朱熹《答许顺之书》:"今动不动便先说个本末精粗无二致,正是鹘仑吞枣。"

释 囫囵:整个儿。把枣不加咀嚼地整个咽下去。比喻对事物不加分析地笼统接受,不求甚解。

近义 生吞活剥 走马观花 **反义** 细嚼慢咽 融会贯通

从前,有一位大夫经常向别人传授养生的方法。

有一天,他对大家说:"梨子和枣子都是好东西,但诸位可别贪吃呀。多吃梨子对牙齿好,但是会损伤脾胃;多吃枣子对脾胃好,但是会损坏牙齿。"

大家一听就犯了难,有人说:"那我先吃梨,把牙齿补好,虽然损伤了脾,但我再吃枣,不就可以把脾补回来了吗?"

另一个人听了反驳道:"你这样不是等于白吃了吗?当心最后脾胃和牙齿都伤了,得不偿失啊!依我看,干脆别吃了,这样既伤不到我的脾,也伤不到我的牙齿。"

这时,一个呆子大声说道:"你们真笨!我有一个好办法!"

大家都十分好奇地问:"什么好办法?"

那呆子回答道:"既然梨子伤脾,那我就只嚼,不咽下去,等嚼碎了再吐出来;枣子伤牙齿,那我就不嚼,直接咽下去。这样不就既不伤脾,也不伤牙了吗?"

呆子的话立刻引起了哄堂大笑,大夫也笑道:"你这样的吃法,不是把枣子整个儿吞下去了吗?小心可别噎着了!"

例句

🍂 一个高中文科的学生,与其囫囵吞枣或走马看花地读十部诗集,不如仔仔细细地背诵三百首诗。(朱自清《论诗学门径》)

🍂 对于书中的知识,如果囫囵吞枣,不加梳理,必定无法充分吸收理解。

成语个性

此成语也可以写作"鹘仑吞枣"。这则故事最早收录于元朝白珽(tǐng)的《湛渊静语》。

09

勤奋和进取 / 学习态度 囫囵吞枣

专心致志

zhuān xīn zhì zhì

战国·孟轲《孟子·告子上》："今夫弈之为数，小数也；不专心致志，则不得也。"

释 致志：使心志集中。把心思全放在上面。形容一心一意，聚精会神。

近义 全神贯注 聚精会神 一心一意　　**反义** 三心二意 心猿意马 心不在焉

从前，有一个人名叫秋，他十分擅长下棋，因此人们都叫他"弈秋"。

后来，有两个人拜弈秋为师，学习下棋的技术。奕秋在教两人下棋时，其中一个人专心地听弈秋讲解棋道，把心思全放在上面，什么也无法使他分心。

另一个人却心不在焉，他听到远处传来几声天鹅的鸣叫声，便立刻抬起头来四处搜寻，心想：说不定天鹅群马上就会飞过这里，如果现在我手里有一把弓箭该多好啊！把这些天鹅全射下来，今晚不就可以饱餐一顿野味了吗？

这时，弈秋正在讲解重要的棋术，但那个心里只想着吃天鹅肉的人却完全没有听进去。

过了一会儿，果然有几只天鹅飞过，他又抬起头来张望，心想：光吃天鹅肉还不够，还得配壶小酒，再听个小曲儿，那才叫一个舒服！他越想越嘴馋，早就把学下棋的事抛到脑后去了，连老师什么时候讲完的课都不知道。

弈秋讲完后让两个学生对棋一局，看看他们学得怎么样。只见那个一直在认真听讲的学生只用了几招就把对方的棋杀了个片甲不留，而那个一心想吃天鹅肉的人连棋子怎么走都不知道。

弈秋语重心长地对那个输了的学生说："同是一个老师教授，却得到这样的比赛结果，难道是因为你们两个人的智力有差距吗？不是的。是因为他把全部的心思都放在了学习棋术上，而你的心早已飞到别处去了，这样怎么能学好呢？"

例句

🌰 热爱自己的专业，专心致志，钻研业务。（徐特立《给湖南省幼儿师范学校的一封信》）

🌰 上课的时候应该专心致志，注意力不集中的话，一定会漏掉老师讲的很多知识点。

09 勤奋和进取 / 专注·专心致志

成 语 个 性

"弈"指棋,古代称下棋为"对弈"。

程门立雪
chéng mén lì xuě

元·脱脱《宋史·杨时传》："一日见颐，颐偶瞑坐，时与游酢侍立不去，颐既觉，则门外雪深一尺矣。"

释 比喻恭恭敬敬地向老师求教，尊敬师长。

近义 尊师重道

09 勤奋和进取

求教·程门立雪

北宋时期,将乐县(现在的福建省将乐县)有个人叫杨时,痴迷于理学。他有一个志同道合的好朋友游酢(zuò),二人常常在一起切磋学问,并一同师从著名的哲学家程颢(hào),虚心求教,获益匪浅。

当时杨时已经中了进士,被朝廷征召去做官,但杨时一心求学,没有去赴任。等他学成回家乡时,程颢亲自把他送出很远,并欣慰地点着头说:"我的学说可以传到南方去了!"

四年后,程颢病逝。杨时听到这个噩耗后,在家中设起灵位祭奠老师,并写信把这个消息告诉了当年一起求学的同学们。

程颢有个弟弟叫程颐,同样学识渊博,精通理学。杨时为老师程颢的离世感到悲痛万分,立志要将老师的理论发扬光大,于是决定到洛阳去拜程颐为师,继续学习。游酢也陪着他一起奔赴洛阳求学。

那时正是寒冬时节,他们二人风尘仆仆地来到程颐的住处,透过窗户看见程颐正在屋子里坐着打盹。杨时说:"我们就在这里等先生醒了再进去吧,不要打扰先生休息。"

没过多久,空中开始飘起了雪花,他俩就这样冒着凛冽的寒风,一直站在门外。风越刮越猛,雪越下越大,他们的手脚都冻僵了,也不敢发出声响吵醒程颐。

等程颐醒来,见门外站着两个哆哆嗦嗦的人,而地上的雪都积了一尺多深了。程颐连忙唤他们进屋,了解了事情的来龙去脉后,他感动地说:"我的兄长有你们这样的好学生,九泉之下也会感到欣慰啊!"

从此,杨时和游酢跟随着程颐刻苦学习,最终都成为了学识渊博的大学者。

例句

- 枚立雪程门,二十一年矣。(清·袁枚《上座主虞山相公》)
- 程门立雪所体现出的尊敬师长、虚心学习的精神,在今天仍然值得我们学习。

成语个性

也写作"立雪程门"。

水滴石穿
shuǐ dī shí chuān

汉·班固《汉书·枚乘传》：「泰山之溜穿石，单极之绠（gěng）断干。水非石之钻，索非木之锯，渐靡使之然也。」

42

勤奋和进取 / 恒心·水滴石穿

释 水不停地往下滴,时间长了能把石头滴穿。比喻只要坚持不懈,细微之力也能办成很难办的事。

近义 磨杵成针 锲而不舍 持之以恒

反义 虎头蛇尾 有始无终 一曝十寒

北宋时期,有一个正直廉洁的官员叫张咏。他在崇阳(现在的湖北省崇阳县)当县令时,经常发现有士兵侮辱将领、小卒顶撞长官的情况,便下决心要好好整顿一番。

有一天,他碰见一个库吏(管库房的小官)从库房里出来。库吏看到县令,神情有些慌张。张咏把那库吏喊过来,果然见他鬓角旁边的头巾下藏着一枚铜钱,露了一点出来。

张咏怒声喝问道:"这钱是从哪儿来的?"

库吏一开始还不肯承认,张咏反复盘问,他才承认是从库房里偷的。

于是,张咏立刻命人将库吏绑起来打板子。库吏愤怒地喊道:"不就是一文钱吗?有什么了不起的!你能打我,难道还能因为这一文钱杀了我不成?"

张咏见库吏竟敢目无王法、知错不改,态度还这么嚣张,便厉声说道:"第一,你偷盗库房官银;第二,你有罪却拒不认罪;第三,你无法无天,胆敢顶撞!"说完,张咏毫不犹豫地拿起笔,在判状上写道:"一天偷一文钱,一千天就是一千钱。用绳子锯木头,日积月累也能锯断木头;水一滴滴滴在石头上,天长日久也能穿透石头!"

判状写完,他拿起剑走下台阶,亲自把这偷钱的库吏当堂斩了,然后把这件事呈报上去,请求对自己加以惩处。

因为偷盗一文钱便斩了库吏,虽然判罚太重,但这件事起到了很好的杀鸡儆猴作用。从此,崇阳县的官员、吏卒个个遵纪守法,社会风气得到了极大的改善。

例句

- 一日一钱,千日一千,绳锯木断,水滴石穿。(宋·罗大经《鹤林玉露·一钱斩吏》)
- 在学习上,我们要有水滴石穿的精神,敢于钻研难题,直到解决为止。

成语个性

也可以写作"滴水穿石"。这个故事出自宋代罗大经的《鹤林玉露·一钱斩吏》。在本故事中,"水滴石穿"喻指小错不改,日积月累便会铸成大错。但我们现在用这个成语,多从正面比喻,指做事要有恒心,只要坚持不懈,终会获得成功。

磨穿铁砚
mó chuān tiě yàn

宋·欧阳修《新五代史·桑维翰传》:"又铸铁砚以示人曰:'砚弊则改而佗仕。'"

09 勤奋和进取 — 恒心·磨穿铁砚

释 把铁铸的砚台都磨穿了。形容刻苦读书,立志不移,坚持不懈。

近义 韦编三绝 绳锯木断　**反义** 前功尽弃 功亏一篑

五代后唐时期,有一个人叫桑维翰,他从小勤学苦读,立志要出人头地。

桑维翰个子矮小,长相丑陋,许多人都看不起他。但他毫不在意,认为"七尺之身,不如一尺之面",意思是说,七尺高的身材比不上一尺长的头脑中的智慧。

桑维翰每天用功学习,后来去参加了科举考试。然而主考官嫌弃他的姓与"丧"字同音,没有录取他。

桑维翰对自己写的文章很有信心,到了发榜的时候,却在榜上没有看到自己的名字,便四处打听原因。后来,他得知是因为主考官迷信,厌恶自己的姓氏,便愤怒地写下了一首《日出扶桑赋》,用扶桑木生在东方,"桑"象征着朝阳来反驳"桑"姓不吉利的愚蠢思想。

只可惜事已至此,说再多也没有用了。于是有人劝他说:"你不如通过别的途径做官,比如贿赂一下考官,或者买个官位。做官的途径这么多,为什么非得辛苦劳累地考进士呢?"

桑维翰却坚定地说:"我心意已决,一定要通过堂堂正正的途径来当官,绝不改变!"

后来,他请铁匠铸了一方铁砚台,拿着它对大家说:"你们不用再劝我了。等什么时候这块铁砚被磨穿了,我再去找别的途径!"

就这样,桑维翰一直坚持着自己的目标,读书更加用功,后来终于考中了进士,还成为五代后晋的开国功臣,官职一直到了宰相。

例句

- 坐破寒毡,磨穿铁砚。(元·范康《竹叶舟》)
- 东晋的王羲之正是靠着磨穿铁砚的精神,刻苦练习书法,最终成为名传千古的大书法家。

成语个性

也可以写作"铁砚磨穿"。

磨杵成针

mó chǔ chéng zhēn

宋·祝穆《方舆胜览·眉州·磨针溪》:"世传李太白读书山中,未成,弃去。过是溪,逢老媪方磨铁杵,问之,曰:'欲作针。'太白感其意,还,卒业。"

释 杵:铁棒。把铁棒磨成了针。比喻做任何艰难的工作,只要有毅力,肯下苦功,就能够克服困难,做出成绩。

近义 坚持不懈 水滴石穿　**反义** 半途而废 浅尝辄止

唐代大诗人李白小时候十分顽皮,不爱学习,平时在学堂里也坐不住,趁老师一不注意就溜出来玩。

一天,他又从学堂偷跑出来玩,路过一条小溪时,见一位老奶奶正在一块大石头上磨一根铁棒子。她磨呀磨呀,豆大的汗珠不时从额头上滴落下来,但老奶奶只是用袖子擦一下,又继续认真地磨。

李白看得出神,忍不住好奇地问:"老奶奶,您为什么要一直磨这根铁棒子呀?"

老奶奶一边磨一边回答他说:"我要把它磨成绣花针,好给小孙子缝衣服呀!"

李白听后十分震惊,瞪大眼睛说:"这么粗一根铁棒要磨成绣花针,那得磨到什么时候呀?"

老奶奶停了下来,摸着他的头,笑着说:"孩子,只要坚持下去,没有什么困难是克服不了的。这铁棒子原本更粗呢,现在不是已经被我磨细很多了吗?"

听了这番话,李白想到自己整天只顾着玩乐,经常读书读了一半就扔下不读了,心中十分惭愧,马上跑回了学堂。

从这之后,李白发奋用功,一心一意地学习,每当遇到困难时,就回想起那个老奶奶专心磨铁棒的情景,还有老奶奶说过的话,以此勉励自己。最终,李白学有所成,成为我国历史上著名的大诗人,被誉为"诗仙"。

成语个性

也写作"铁杵成针"。谚语"只要功夫深,铁杵磨成针"也出自这个典故。

09 勤奋和进取

恒心·磨杵成针

🍄 例句

🍃 好似铁杵磨针,心坚杵有成针日。(明·郑之珍《目连救母》)

🍃 他完全没有绘画功底,但靠着磨杵成针的毅力,每天坚持作画五个小时,终于成为了一名大画家。

一鼓作气
yì gǔ zuò qì

春秋·左丘明《左传·庄公十年》：「夫战，勇气也。一鼓作气，再而衰，三而竭。」

释 第一次击鼓时士气振奋。比喻趁劲头大的时候一口气把事情做完。

近义 趁热打铁 一气呵成

反义 半途而废 有始无终

春秋时期，齐桓（huán）公派鲍叔牙率大军准备攻打鲁国。鲁庄公急得焦头烂额，被迫迎战，却毫无胜算，朝中大臣也都不知所措。

这时，一个叫曹刿（guì）的隐士前来求见鲁庄公，对他说："如果您要开战，请带上我一同前去，我自有妙计。"

到了两军交战的日子，鲁庄公亲自率兵上阵，并让曹刿和自己坐在一辆战车上。双方摆开阵势，齐军率先击响战鼓，气势震天，准备开战。鲁庄公见势也准备下令擂鼓迎战，但被曹刿阻止道："不要着急，现在还不是时机！"

齐军等了半天，见鲁军没有回应，就再次击鼓呐喊。鲁庄公又准备下令鸣鼓开战，曹刿再次说道："现在还是不行！"

齐军见鲁军依然没有动静，第三次敲响战鼓挑战，鲁军仍旧一片沉默。齐军士兵们开始不耐烦了，队伍也变得松散起来。这时，曹刿对鲁庄公说："时机到了，可以开战了！"

鲁庄公一声令下，顿时，鲁军的战鼓声响彻云霄。齐军还没反应过来，就被突然冲过来的鲁军杀了个措手不及，损失惨重的齐军急忙向后撤退。鲁庄公见状想要下令追击，但曹刿说："等一等！"然后，他下车细细察看齐军撤退时战车车轮压出的痕迹；又登上战车，扶着车前的横木远望齐军的队伍，这才说："可以追击了。"就这样，在曹刿的指挥下，鲁军大获全胜。

战斗结束后，鲁庄公问曹刿："您是怎么赢得这场战斗的胜利的？"

曹刿回答说："作战时，主要靠的是士兵们的勇气。齐军第一次击鼓时士气旺盛，第二次就衰弱了，第三次已经丧失了勇气，放松了戒备。这时我军趁机擂鼓而上，正是士气最旺盛的时候，去攻打已经疲乏的敌军，当然会获胜。"

鲁庄公又问："那我下令追击时您为什么要先拦住我呢？"

曹刿说："齐国是军事实力很强的大国，我怕他们设下圈套引我们进埋伏，所以先观察了一下他们战车的痕迹，只见车轮痕迹十分混乱，又望见他们的旗帜也倒下了，根据这些判断出他们的队伍十分慌乱，确定没有埋伏，这才让您乘胜追击。"

鲁庄公听后，对曹刿敬佩有加，赞叹道："您真是一位精通军事的奇才！"

例句

🟡 我们得一鼓作气来渡危机，完成大业。（闻一多《时代的鼓手》）

🟡 你的作业已经完成了一半，为什么不一鼓作气都做完了再去玩呢？

成语个性

注意"鼓"不要写成"股"，"作"不要写成"做"。

半途而废

bàn tú ér fèi

汉·戴圣《礼记·中庸》:"君子遵道而行,半途而废,吾弗能已矣。"

释：废：停止。半路上停下来。比喻工作没做完就停止了,不能坚持到底。

近义 有始无终 前功尽弃 **反义** 持之以恒 锲而不舍

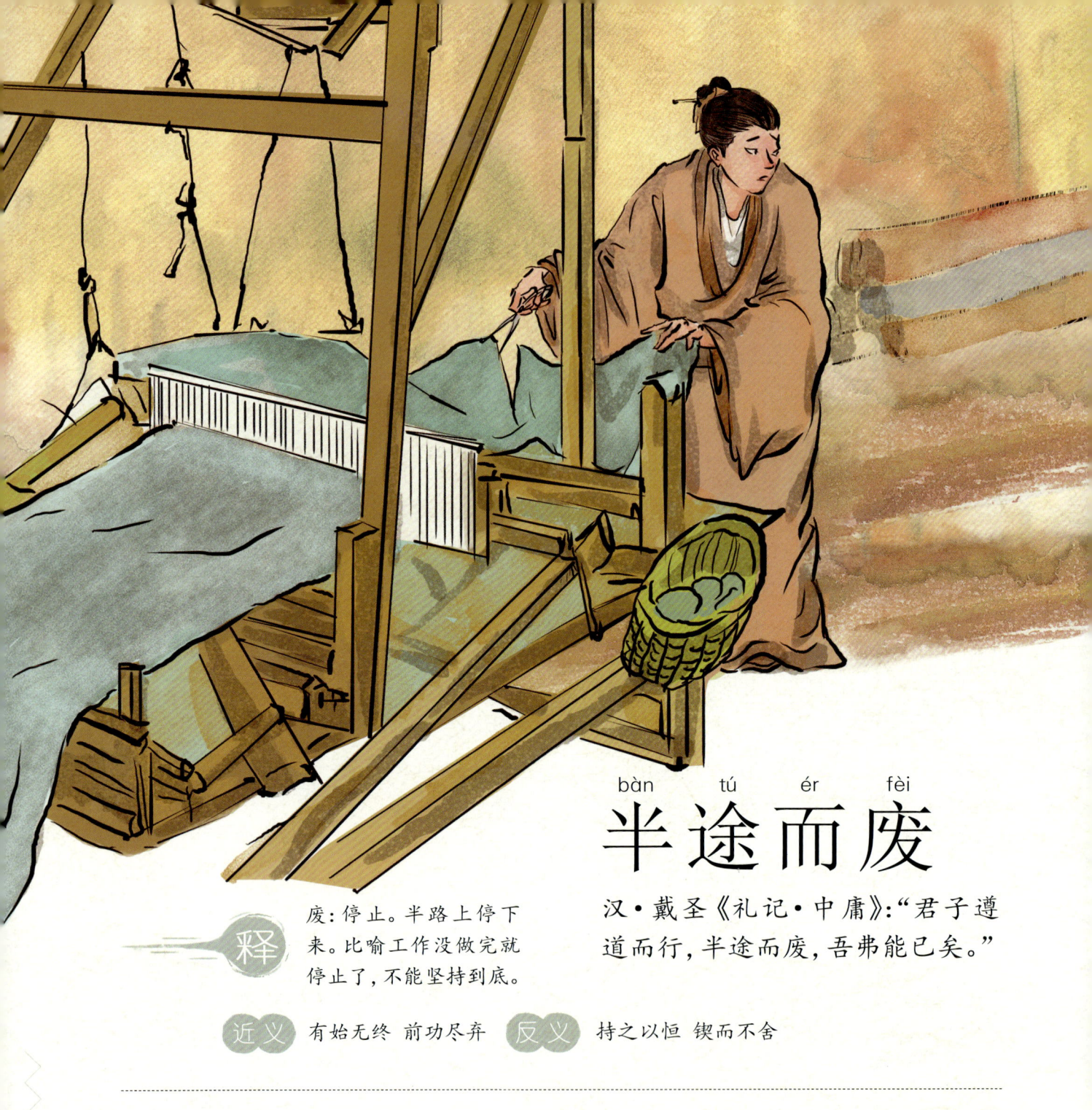

东汉时期,有一个人叫乐羊子,他有一位以贤惠而闻名的妻子。乐羊子年轻时家里很穷,妻子跟着他吃了很多苦,但从来没有怨言。

一天,乐羊子在路上拾到一块金子,高兴地带回家,对妻子说:"有了这块金子,这一年我们都不愁吃的了!"

妻子却回答道:"我听说君子不会喝盗泉的水,志士从不吃别人施舍的食物,更不用说把别人丢失的东西占为己有了,因为这些都是有损品行的行为。"

乐羊子听了十分惭愧,马上把金子扔到野外,并立志要成为君子志士,到远方拜师求学。

一年后,乐羊子突然回来了。妻子问他原因,他说:"没什么原因,就是想家罢了。"

妻子听后一言不发,拿起剪刀走到织布机前,把辛辛苦苦织了很久的绢帛全部剪断了。乐羊子惊讶地问:"你这是干什么?"

妻子说:"这些绢帛都是由蚕吐丝结茧,再从茧上取丝,在织布机上织成的。一根丝一根丝地积累,才有了一寸长;一寸一寸地积累,有了一丈乃至一匹长。现在我把它剪断,这匹绢帛就这样废掉了,等于前面的活都白干了。读书求学和织布是一个道理,你应当每天积累学问,来使自己的品行变得完美。现在你学了一半就中途回来了,和我剪断这快要织完的绢帛有什么两样?"

乐羊子深受触动,立即回去继续完成学业,苦读七年,终于学有所成。

🌰 例句

🍄 咱们既然入了狼窝,得了狼子,就不能半途而废,既然养了就得养到底。(姜戎《狼图腾:小狼小狼》)

🍄 学本领如果总是半途而废,终将一无所获。

成语个性

这个成语故事出自南朝范晔所著《后汉书·列女传》的《乐羊子妻》一文。故事中乐羊子妻所说的"盗泉"是古代一处泉水的名字,故址在现在的山东省泗水县。据说孔子经过盗泉时,口干舌燥,但因为"盗泉"的名字中有个"盗"字,孔子十分厌恶,坚决不喝泉里的水。后来人们把"盗泉"比作不义之财,以"不饮盗泉"比喻为人清正廉洁。

知难而退

zhī nán ér tuì

春秋·左丘明《左传·宣公十二年》:"见可而进,知难而退,军之善政也。"

释 原指作战时要见机而行,形势不利时要赶紧撤退。后来指碰到困难就退缩的消极态度。

近义 望而却步 畏缩不前　**反义** 知难而进 力争上游

09 勤奋和进取 —— 松懈放弃·知难而退

春秋时期,晋楚两国争霸,经常发生战争。郑国比较弱小,夹在他们中间,只能时而依附楚国,时而依附晋国,以求保全自己。

楚国国君楚庄王十分厌恶郑国这种时而叛变时而降服的做法,决定征讨郑国。这一年,楚国大军将郑国国都围困了十多天,郑国迫于无奈,只好归降了楚国。

楚国开始攻打郑国时,郑国曾派人向晋国求援。晋景公任命荀林父为中军统帅,率上、中、下三军救郑。浩浩荡荡的晋国大军刚到达黄河边,就传来了郑国投降楚国的消息。这时,军中对行军动向产生了极大的意见分歧。

荀林父和上军主帅士会、副帅郤(xì)克都认为已来不及救援,应直接撤兵回国。郤克说:"楚国国君善用贤才,使国内政治开明、经济兴盛,军队纪律严明、训练有素。如果我们和他们硬碰硬,不一定有胜算。还不如留着兵力日后讨伐吞并那些弱小的国家。"

但中军副帅先縠(hú)反对说:"面对强敌就怕死撤退,传出去岂不是让天下人笑话!这样会使我晋国失去霸业!"

士会劝道:"话不能这么说,行军打仗应当考虑实际情况,怎么会有'硬冲就是英雄,撤退就是怕死'的想法呢?楚国的确强大,我们看到他们的优点就要学习并超越,这才是实现霸业的方法。打仗的时候,有把握时就奋勇前进,意识到取胜有困难就及时撤退,以保全大局,这才是正确的治军之道。"

但先縠刚愎自用,一意孤行,独自率领中军一部渡过黄河,誓要与楚军决一死战。荀林父生怕落下个管不住部下的罪名,只好下令全军渡河,与楚军交战。结果,晋军大败。

例句

🍂 尤其是因为在那一级里有三四个"吵客",弄得那位英文教员不得不知难而退。(邹韬奋《经历·新饭碗问题》)

🍂 碰到困难不敢迎难而上,一味地知难而退,只会让自己越来越退步。

成语个性

此成语原指量力而行,并不含贬义,但现在多用于贬义,形容人不敢面对困难和挫折。

以身作则
yǐ shēn zuò zé

春秋·孔子《论语·子路》:"其身正,不令而行;其身不正,虽令不从。"

释 身:自身。则:榜样。用自己的行动给大家做出榜样。

近义 言传身教 身先士卒

反义 上行下效

东汉时期,有一个人叫第五伦,他在乡下当小官时就非常正直清廉,深受乡里人爱戴。

第五伦在读光武帝刘秀的诏书时,非常赞同诏书中提到的为政之道。后来,他终于有机会见到了光武帝,与他谈论自己的政治见解,受到光武帝的赏识,被升任为会稽(kuài jī)(在现在的江苏省、浙江省)太守。

第五伦当上大官后,并没有像其他官员那样贪图享乐,他平时亲自割草喂马,妻子下厨做饭。他一年有二千石(dàn)粮食的俸禄,但他留下够全家人吃的份后,其余的全部贱价出售或者送给穷苦百姓。

又过了几年,第五伦被调任蜀郡(在现在的四川省)太守。蜀郡土地肥沃、物产丰盈、百姓富裕,因此当地官员的日子都过得很阔绰,官邸富丽堂皇,出入有高大宽敞的马车,奢靡成风。第五伦看到这种情形,让人把自己官邸内那些奢华的摆设、器物都撤去,自己平时的穿着也十分简朴素净。他还下令把那些家境殷实、尸位素餐的官吏遣返回家,举荐了众多家庭贫困的贤能之士担任官职。从此以后,蜀郡官场上的奢靡攀比之风被禁绝,取而代之的是公正廉明之风。

到了汉章帝时,第五伦升任司空(掌管工程建设的朝廷高官)后,给章帝上奏章说:"您在位四年,就处置了多名贪婪残暴的高级官员,实在是圣明的君主。现在,您颁布诏书要求宽和,但各地施政仍然严苛;您要求节俭,但官场奢侈之风仍然盛行,其原因就在于没有榜样。各位皇子、公主和贵戚们骄奢淫逸,官员和百姓又怎么会节俭呢?所以说,用自己的行为做出榜样,别人才会服从,光用言论教化别人,是难以服众的。"章帝接受了他的劝谏。

直到晚年，第五伦依然坚持节俭清廉，被人们称道。

🍂 例句

🌰 难得你老兄以身作则，给他们一个好榜样看，这于世道人心，一定大有裨益的。（鲁迅《华盖集·牺牲谟》）

🌰 身为班干部，要以身作则，遵守纪律，给班上其他同学做榜样。

成语个性

本故事出自南朝宋代范晔的《后汉书·第五伦传》。"第五"是一个复姓，来源于春秋战国时期齐国的田氏。到了汉代，田氏被汉高祖刘邦按次序分成八支，赐姓"第一""第二"直到"第八"。目前以"第五"姓人口居多，并且部分衍化成了"第"姓或"五（伍）"姓。

09 勤奋和进取 / 责任·以身作则

闻鸡起舞
wén jī qǐ wǔ

唐·房玄龄《晋书·祖逖传》："中夜闻荒鸡鸣，蹴琨觉，曰：'此非恶声也。'因起舞。"

释 听到鸡叫就起来舞剑。后比喻有志向的人奋发图强，刻苦自励。

近义 奋发图强 自强不息

反义 苟且偷安 自暴自弃

东晋时期，有一位著名的爱国将领名叫祖逖（tì）。他出生于官宦世家，家境富裕，从小就性格豁达、轻财好义，经常拿出粮食和布匹救济穷苦的百姓。

祖逖年少时不喜欢读书，到了成年以后突然醒悟，开始发奋学习。因为他十分聪颖，记忆力超强，能将所学的知识融会贯通、举一反三，很快成为了有志向、有谋略的青年才俊，受到族人的赞赏。

祖逖二十多岁时，和老乡刘琨（kūn）一起在司州（现在的河南省洛阳市一带）当主簿，负责文书簿册之类的工作。与刘琨共事时，二人的想法经常不谋而合，而且都有心怀天下的大志。祖逖将刘琨视为知己、挚友，他们形影不离，常常同吃同住，吟诗作对，谈论天下大事。

勤奋和进取·志向·闻鸡起舞

当时正是西晋末年，皇室内部为争夺政权自相残杀，时局动荡，他们谈起国家大事，慷慨激昂，立志将来一定要做出一番事业。因此，他们每日勤练武艺，相互切磋。

一天夜里，他们二人又畅谈到深夜才睡。刚躺下没多久，公鸡就打鸣了。祖逖被吵醒后坐了起来，心想："这一定是老天爷激励我要努力上进，勤练武艺，将来好报效国家！"

于是，他把刘琨推醒，对他说："你听见鸡鸣了吗？这可不是不吉利的声音啊，是老天爷提醒我们要练剑了！"

刘琨听了，也马上起身，拿起剑与祖逖一起到院子里苦练起来。

从此，他们以鸡鸣为令，不管寒冬下雪，炎夏酷暑，日日刻苦练武。后来，北方大乱，两人都参了军，实现了自己的远大抱负，祖逖更是在北伐中立下无数军功，收复了大片失地。

成语个性

"舞"不要写成"武"。应当注意，这里的"舞"指舞剑，不是跳舞。成语"中流击楫"也是出自祖逖的故事。

🍯 **例句**

🔵 今见播逐，恐失人心，人心一摇，则有闻鸡起舞者矣。（五代后晋·刘昫《旧唐书·韩滉列传》）

🔵 这位学者每天闻鸡起舞、刻苦钻研，终于取得了丰硕的研究成果。

卧薪尝胆
wò xīn cháng dǎn

汉·司马迁《史记·越王勾践世家》："越王勾践返国，乃苦身焦思，置胆于坐，坐卧即仰胆，饮食亦尝胆也。"

释 薪：柴草。在柴草上睡觉，口尝苦胆。形容刻苦自励，发愤图强。

近义 发愤图强 忍辱负重　**反义** 胸无大志 自暴自弃

春秋时期，越王勾践不听谋士范蠡（lí）的劝阻，坚持要发兵攻打吴国，结果大败，被吴军包围在会稽（kuài jī）山。

勾践懊悔不已，对范蠡说："我实在是愚蠢，当初不听先生的劝告，落得今天这步田地，如今我们该怎么办？"

范蠡说："现在我们只能给吴王献上厚礼，暂时摆出投降的姿态以保全大局。"勾践答应了。

大夫文种来到吴国向吴王夫差求降，夫差有些心动，但吴国大夫伍子胥（xū）劝阻说："大王，如果您现在撤兵讲和，他日越王勾践必定会崛起并向我们复仇的！"夫差也担心将来发生这样的事，于是拒绝了越国的求和。

文种回到越国后，把结果报告给勾践，勾践大怒，要与夫差死战到底。

范蠡说："大王不要着急，吴国的太宰伯嚭（pǐ）是个贪财好色之徒，我们派人给他送些钱财和美女，让他在夫差面前多说好话，说不定事情会有转机。"

于是，勾践让文种秘密地给伯嚭送去了大量珍宝和美女，伯嚭果然收下了礼物，并答应帮忙办事。他到夫差面前说："大王，如今那勾践愿意臣服于您，您就让他当您的下人伺候您，这样不就能向天下人显扬我们吴国的国威吗？何况越国现在元气大伤，丝毫没有死灰复燃的能力！"夫差听到这样一番话，果然被说动了。

越国终于被保全了，免受亡国之灾，但勾践被迫成为夫差的奴仆。在这期间，勾践装出一副完全顺服的模样，对夫差卑躬屈膝，干再多苦活累活也从不抱怨，终于取得了夫差的信任，三年后被放回越国。

回国之后，勾践发誓一定要洗刷在吴国为奴的耻辱。他晚上就睡在柴草堆上，屋里还挂了一枚苦胆，每天晚上睡觉前、早上起来后，以及吃每顿饭时都要尝一尝苦胆的滋味，以此磨砺自己的意志，提醒自己不忘耻辱。

勾践带着臣子们制定条例，加强管理，并虚心听取大家的意见。他还亲自参加耕种，妻子也亲自纺线织布，为人民做榜样，鼓励生产。经过多年的励精图治，越国渐渐强大起来。后来，勾践亲自率领大军攻吴，夫差兵败自杀，吴国也就此灭亡。

例句

🍵 卧薪尝胆为吞吴，铁面枪牙是丈夫。（明·李贽《咏古》）

🍵 他的公司经营不善，几乎快要倒闭，但他凭着卧薪尝胆的精神，奋力拼搏，终于扭转了局势。

中流击楫
zhōng liú jī jí

唐·房玄龄《晋书·祖逖传》："中流击楫而誓曰：'祖逖不能清中原而复济者，有如大江！'"

释 楫：船桨。在河中央敲打船桨。多用来表示收复失地、复兴大业的决心。也比喻立志奋发图强。

近义 奋发图强
反义 一蹶不振

西晋末年，天下动荡，许多百姓南下逃难。

有一个叫祖逖（tì）的官员也来到了南方。他见北方土地被外族侵占，百姓流离失所，十分痛心，于是对统治江南的左丞相司马睿说："现在各地动乱，是因为藩王自相残杀造成的。如果您能任命我为统领，率兵北伐，北方的豪杰和百姓们必定会响应您的号召，助我们收复失地，一统山河！"

但司马睿当时只想在江南站稳脚跟，根本没有北伐的打算，又不好直接拒

绝祖逖，就任命他为"奋威将军"，只拨了千人份的粮饷、三千匹布给他，让他自己招募士兵，打造兵器。

司马睿的消极态度并没有打消祖逖的决心，他聚集起当初跟着他一起南下的将士们，并率领这支千人部队毅然渡江北上。

船行至江中心时，祖逖望着两岸山河，想到北方的百姓还在遭受战争之苦，顿时愤慨激昂，胸中热血翻腾。他神情庄重地站在船头，拿着船桨用力敲打着船舷，向众人发下誓言："我祖逖这次北伐，如果不能平定中原、收复失地，就跟这滚滚江水一样，一去不复返！"众将士听后士气高昂，也发誓要和祖逖同生共死，把敌寇赶出中原。

祖逖渡江之后，立即扎下营寨，招兵买马、铸造兵器。江北的人民听说祖逖的北伐大志后，都纷纷响应。很快，队伍就扩充到了两千多人。

祖逖率部在北方浴血奋战，历经无数战役，多次几乎陷入绝境仍不放弃，为晋朝收复了大片失地。

例句

- 知君素有击楫中流心，誓当助君报国万里清烽尘。（宋·陈起《古剑歌》）
- 要想成就一番事业，要有中流击楫的决心。

成语个性

也写作"击楫中流"。

---

09 勤奋和进取 / 志向·中流击楫

乘风破浪
chéng fēng pò làng

南朝梁·沈约《宋书·宗悫传》：「悫年少时，炳问其志，悫曰："愿乘长风破万里浪。"」

释 船趁着顺风，破浪前进。形容船行进速度很快。比喻不畏艰难险阻，奋勇前进。

近义 披荆斩棘　高歌猛进　勇往直前

反义 裹足不前　畏缩不前　望而却步

09 勤奋和进取 / 志向·乘风破浪

南朝宋时期，有一个叫宗悫（què）的少年，热衷于习武，从小就立下了远大的志向。

他的叔叔宗炳是一位著名的书画家。当时天下太平，社会崇尚文风，不尚武力，朝廷也重用文官，因此很多年轻子弟都在用功读书，以求将来能走上仕途。宗炳看到自己这个侄子整日只顾舞刀弄剑，就问他："你长大以后想做什么？"

宗悫挺起胸膛，声音洪亮地回答说："我想乘着长风，破开万里巨浪，成就一番事业！"宗炳听后感到很惊讶，说："你有这样的志向，将来如果不能大富大贵，就会给我们家族带来灾难。"

宗悫十四岁那年，他的哥哥成亲，在府中大宴宾客，谁知有一伙强盗冒充宾客混了进来，趁机抢劫。他们面目凶恶，手持刀剑，把众人吓得乱作一团。正当歹徒自以为得手时，只见宗悫手持佩剑，声势震天地直冲过去，和强盗们搏斗。宾客们被这小小少年的勇气深深折服，纷纷为他呐喊助威。强盗们见状，开始慌张起来，连忙丢下财物狼狈地逃跑了。就这样，宗悫英勇无畏的名声在乡里传开了。

后来，国家发生战乱，宗悫被任命为振武将军。他在前线奋勇杀敌，打仗所向披靡，立下了许多战功，实现了年少时的宏志。

例句

- 轮船在乘风破浪，汽车在驶过原野。（茅盾《子夜》）
- 年轻人要不怕困难，敢于乘风破浪，才能闯出一番天地。

成语个性

也可以写作"长风破浪"，唐朝诗人李白所作《行路难》中就有："长风破浪会有时，直挂云帆济沧海。"这个成语也可以直接用来描述船只行进时的情景。

一鸣惊人

yì míng jīng rén

战国·韩非《韩非子·喻老》："三年不翅，将以长羽翼；不飞不鸣，将以观民则。虽无飞，飞必冲天；虽无鸣，鸣必惊人。"

释　鸣：鸟叫。鸟鸣叫一声就使人震惊。比喻平时没有突出的表现，突然就做出了惊人的成绩或说出令人惊奇的话。

近义　一举成名　一步登天

反义　默默无闻　寂寂无闻

春秋时期，刚登上王位的楚庄王整天只顾寻欢作乐，不理朝政。三年后，楚国国势逐渐衰落，其他诸侯国趁机侵占楚国边境的土地，抢夺钱财。一些忠心的大臣非常着急，他们多次向楚庄王进谏，却惹得楚庄王大怒，并下令说："谁要再敢进谏，杀无赦！"一时间，再也没人敢劝楚庄王了。

大臣伍举看到这样的情形，想了一个办法。他入宫求见，只见楚庄王坐在大殿上，左边搂着郑国歌姬，右边搂着越国舞女，正喝着酒欣赏歌舞呢！

楚庄王看到伍举后，不耐烦地说："我正忙着呢！如果你来也是要对我说什么大道理的话，小心掉脑袋！"

伍举不慌不忙地说："大王，我来是想和您一起寻乐子的。我有一则谜语，想给大王猜一猜。"

楚庄王一听是猜谜语，顿时来了兴趣，高兴地说："快讲！"

伍举说："有一只奇怪的大鸟，它一直住在庭院中，三年里从来不鸣叫，也不振翅飞翔，您知道是为什么吗？"

原本伍举还想着怎么通过这个比喻来劝诫楚庄王，但没想到楚庄王不紧不慢地回答说："这只鸟三年不伸展翅膀，是在等着让自己的羽翼长丰满；它既不飞翔，也不鸣叫，是为了静静地观察周围的环境。它虽然不飞，一飞必定冲破云霄；虽然不鸣叫，一鸣叫必定震惊世人。"伍举一听，立刻明白了，便没有再说下去。

原来，楚庄王只是一直在假装自己是个昏君。因为当时他很年轻，大权还没有完全掌握在自己手中，于是他用这个方法来考验和辨别朝中的大臣们谁是忠、谁是奸。后来，他完全掌握了国家大权，果然一改原先昏庸无道的形象，奋发图强、励精图治，使经济迅速复兴，其他国家再也不敢来侵犯楚国。

楚庄王在整顿好内政、平定国内叛乱后，又挥兵北上，与晋国争霸，最终成为一代霸主，为"春秋五霸"之一。

成语个性

此成语常和"不鸣则已"连用，即"不鸣则已，一鸣惊人"。"春秋五霸"具体是指哪五位君主，有多种说法，最通行的有两种：齐桓公、宋襄公、晋文公、秦穆公、楚庄王；齐桓公、晋文公、楚庄王、吴王阖闾（hé lǘ）和越王勾践。

例句

🍪 此鸟不飞则已，一飞冲天；不鸣则已，一鸣惊人。（汉·司马迁《史记·滑稽列传》）

🍪 他一直默默无闻地练习，最后在全国比赛中一鸣惊人，拿到冠军。

出 chū 人 rén 头 tóu 地 dì

宋·欧阳修《与梅圣俞书》：『读轼书，不觉汗出。快哉，快哉！老夫当避路，放他出一头地也。』

释 指高人一等。形容德才超众或成就突出。

近义 出类拔萃 卓尔不群

反义 庸庸碌碌 碌碌无为

北宋时期，有一年举行进士科举考试，主考官是大文豪欧阳修。

当时文坛盛行一种宫廷文体，名为"太学体"。这种文体的特点是一味追求华丽高深的辞藻，写出来的文章晦涩难懂。但当时很多文人把写"太学体"当作是学识渊博的象征，纷纷效仿，因此写出来的文章大都华而不实、空洞死板。

欧阳修十分反对这种文风，所以他在判卷时，那些"太学体"的文章他粗粗看过一眼后，便放在一边，只看那些内容充实，有真情实感的考卷。

他看到一篇考生的文章，文风朴实、言之有物、道理深刻，实在是一篇好文章，便拿去给其他考官传阅。大家读后纷纷赞赏，认为应当评这篇文章为第一名。但欧阳修再读几遍之后，觉得这篇文章像是自己的朋友曾巩写的，为了避嫌，只好判为第二名。

等到放榜之后，按照礼节，考中的考生要来拜会考官。欧阳修这才见到文章作者的真容，发现并不是曾巩，而是一个叫苏轼的年轻人，因此心中感到十分内疚。

送走苏轼后，欧阳修写了一封信给自己的好友梅尧臣。在信中，他赞叹道："苏轼的文章写得实在太好了！读了他的文章，让我激动得流汗，真是畅快！我这老头子应该给这后生让路，让他高出别人一头啊！"

在欧阳修、梅尧臣等人的赞誉下，原本默默无闻的苏轼终于崭露头角，在北宋的文坛中大放光彩，名扬千古。

例句

- 孙俊英见人家看得起，能出人头地，一呼百应，好不威风自在。（冯德英《迎春花》）
- 只有好好学习，长大后才能出人头地，报效祖国。

成语个性

欧阳修是"唐宋八大家"之一，另外七人分别是唐代的韩愈、柳宗元和宋代的苏轼、苏洵、苏辙、王安石、曾巩，其中，宋代五人均是欧阳修的门生，被他以伯乐慧眼相中，受到提携并名扬天下。

功名和权势／功名·出人头地

衣绣夜行
yī xiù yè xíng

汉·司马迁《史记·项羽本纪》："项王见秦宫室皆以烧残破，又心怀思欲东归，曰：'富贵不归故乡，如衣绣夜行，谁知之者！'"

释 衣：穿。绣：锦绣。穿着精美华丽的锦绣衣服却在晚上才上街行走。比喻人富贵以后不为人知。

反义 衣锦还乡　衣锦荣归

秦朝末年，项羽率兵进入都城咸阳，杀了已经投降的秦王子婴，焚烧了秦朝的宫殿，大火整整三个月都没有熄灭。

一时间，项羽的威名响震关中（现在的陕西省中部一带）。他带上从秦朝宫殿抢来的大批珍贵珠宝，想继续向东进发，但一个叫韩生的谋臣劝他说："关中地区土地肥沃、地势险要，有崤（xiáo）山、函谷关作为屏障，四面都可以防守，您若在这里建都，必定可以成就霸业！所以请您先在这里稳定下来，不要急着东进。"

项羽看看秦朝宫室已经被自己一把火烧得残破不堪，根本不想留在这里当皇帝。更重要的是，项羽是楚国人，功成名就之后，他更想回到东边的家乡去，让父老乡亲们看看自己骑着战马，身披铠甲，率领万众的威武英姿！所以他反驳说："大富大贵之后不回故乡，那不就像一个人穿着华美的锦绣衣服，却在寂静无人的深夜才出来逛街一样吗？有谁能看到这个人的富贵呢？"

韩生退出来后对别人说："早就听说楚国人就像猴子，就算给他穿上衣服、戴上帽子，还是改不了猴子的本性，根本做不成什么大事。"

项羽听到这话后勃然大怒，下令把韩生扔进锅里煮死了。

也正是因为狂妄自大、鼠目寸光，项羽最终彻底败给了他的老对手刘邦。在最后一刻，项羽悲伤地感叹自己"无颜面对江东父老"，并作下一首诗，名为《垓下歌》："力拔山兮气盖世，时不利兮骓（zhuī）不逝。骓不逝兮可奈何，虞兮虞兮奈若何！"唱完后便拔剑自刎而亡。

例句

● "富贵不归故乡，如衣绣夜行"，汉武为朱买臣言也。（宋·孙奕《履斋示儿编·文说·史同文》）

● 有些人一夜暴富后便想马上在亲戚朋友面前炫耀，绝不可能衣绣夜行。

10 功名和权势 / 功名·衣绣夜行

成语个性

此成语也写作"衣锦夜行"。文中韩生讽刺项羽像个戴着帽子的猴子,后来也出了一个成语:沐猴而冠,形容人鼠目寸光、虚有其表,无法成就大事;也用来讽刺人依附权势、窃据名位。

蜗角虚名
wō jiǎo xū míng

战国·庄周《庄子·则阳》:"有国于蜗之左角者,曰触氏;有国于蜗之右角者,曰蛮氏。时相与争地而战,伏尸数万,逐北,旬有五日而后反。"

释 蜗角:蜗牛的触角,比喻微末的事物。指微不足道的虚名。

近义 蝇头微利 鸡虫得失

战国时期,魏惠王和齐威王原本结成了联盟,但后来齐威王背叛了盟约,魏惠王十分生气,就想派人去刺杀他。

将军公孙衍不屑地说:"大王您是一国之君,却用这种平民百姓的伎俩进行报复,这样会有失我大魏的颜面!不如您给我二十万军队,我一定能大败齐国,俘虏他们的百姓,抢了他们的牛羊,让那齐威王急火攻心,让齐国的大将田忌闻风而逃,我再把他捉住,鞭打他的脊背,折断他的脊骨!"

大臣季子反驳道:"我们魏国已经七年没有战事了,让国家休养生息才是立国的根本。公孙衍如今想挑起祸乱,大王您千万不要听他的!"

宰相惠施听了双方的争论,一时也没有了主意,就推荐了一个叫戴晋人的说客给魏惠王。

戴晋人见到魏惠王,问:"大王您知道蜗牛吗?"

惠王回答:"当然知道。"

戴晋人接着说:"在一只蜗牛的左触角上,有一个国家叫触氏;在右触角上,有一个国家叫蛮氏。这两个国家为了争夺地盘,经常发生大战,血流成河、尸体成山。有一次,打胜的一方追了战败方十五天才撤兵。"

惠王笑道:"你这只是一个夸张的故事吧?天下哪有这样的事?"

戴晋人却说:"故事的确是夸张,但道理和现在的情况不是一样吗?天地对于我们来说大得无边无际,就好比触氏和蛮氏看那蜗牛;魏国和齐国在这天地间小小的一方土地上互相争夺,就好比触氏和蛮氏在那小小的蜗牛触角上争夺一样。您觉得那两个微不足道的蜗牛小国完全是为了毫无用处的蜗牛触角而战,但您如果出兵,又何尝不是为了一个微不足道的虚名而战呢?"

惠王听后心中若有所思,连连称赞戴晋人智慧超群,暂时停止了进攻齐国的计划。

例句

都为那蜗角虚名,蝇头微利,蚁阵蜂衙,将一片打劫的心,则与人争高论下,直等待那揭局儿死时才罢。(元·姚子章《竹坞听琴》)

我们要有远大的理想,而不要为了蜗角虚名白白浪费光阴。

成语个性

这个典故还产生了成语"蜗角之争",比喻因为琐碎小事而起争端。宋朝的苏轼被贬官到黄州时写了一首词《满庭芳·蜗角虚名》:"蜗角虚名,蝇头微利,算来着甚干忙。事皆前定,谁弱又谁强。且趁闲身未老,须放我、些子疏狂。百年里,浑教是醉,三万六千场。思量,能几许?忧愁风雨,一半相妨。又何须抵死,说短论长。幸对清风皓月,苔茵展、云幕高张。江南好,千钟美酒,一曲满庭芳。"表达了对世人极力追求功名利禄的嘲讽和词人超然洒脱的人生态度。

遗臭万年
yí chòu wàn nián

唐·房玄龄《晋书·桓温传》:"既不能流芳后世,不足复遗臭万载耶?"

释 坏名声流传下去,永远被人唾骂。

近义 声名狼藉 臭名昭著

反义 万古流芳 名垂青史

东晋时期，朝政混乱。大将桓温手握重兵，四处征战，立下大功，一度权倾朝野。与此同时，他的野心也越来越大，一心想要自己当皇帝。

有一次，他躺在床榻上休息，脑子却停不住思考。一想到自己纵横沙场多年，北伐的心愿却还没实现，自己也没能登上权力最高峰，便忍不住叹气道："再这样碌碌无为的话，景帝司马师和文帝司马昭在九泉之下都会笑话我的！"周围的亲信官员们听了这话都不敢接话。

过了一会儿，桓温坐了起来，摸着枕头自言自语地说："既然我不能流芳百世，难道还不能遗臭万年吗？反正能让后人记住我的名字就行！"

王敦是帮助司马睿建立东晋政权的大功臣，后来起了夺取帝位之心，起兵造反，历史上称为"王敦之乱"。后来王敦在战争中病死，这场动乱最终也被平息。桓温十分欣赏和佩服王敦的所作所为。有一次，他经过王敦的墓旁，不禁赞叹道："王敦真是个能干的人啊！后人都会记住他的。"从这也能看出桓温的狼子野心，以及他对留名后世的渴望。

后来，桓温又进行了第三次北伐战争，结果一败涂地，导致他在朝中的声望大大受损，又因受到朝中大臣谢安等人的牵制，使他直到去世也没能实现称帝的愿望。

例句

- 我的意思是说，千万别当叛徒，叛徒遗臭万年，没有好下场的。（莫言《蛙》）
- 秦桧以"莫须有"的罪名杀害忠臣岳飞，留下了遗臭万年的骂名。

成语个性

此成语也可以写作"遗臭万载""遗臭万代"。故事中桓温提到的景帝司马师和文帝司马昭都是三国时期曹魏的权臣。他们的父亲司马懿（yì）夺取了魏国的实权。司马懿死后，司马师和弟弟司马昭先后当权，任意废立皇帝。司马师兄弟和他们的父亲都是历史上有名的图谋窃取帝位的乱臣。后来，司马昭的儿子司马炎自己称帝，建立了晋朝，追称父亲和伯父为文帝、景帝。

众望所归
zhòng wàng suǒ guī

唐·房玄龄《晋书·贾疋（yǎ）传》："于时武皇之胤（yìn），惟有建兴，众望攸归，曾无与二。"

释 望：期望。归：归向。形容某人威望很高，受到大家的敬仰和信赖。

近义 人心所向 天下归心

反义 众叛亲离 舟中敌国

西晋末年，晋怀帝被北方的匈奴人杀害后，西晋开国皇帝司马炎的孙子，年仅十三岁的司马邺被大臣们拥立为皇帝，在长安即位，他就是晋愍（mǐn）帝。

当时天下大乱，战火纷飞，匈奴大军多次攻打西晋的城池，晋军均无力抵挡，再加上晋愍帝年纪很小，朝中一些将领不服，甚至蔑视皇权，导致皇室名存实亡。

公元316年，匈奴将领刘曜（yào）率军围困了长安，切断了长安与外界的联系。到了寒冬十月，一斗米需要二两黄金才能买到，城里饥荒严重，甚至出现了人吃人的惨况。愍帝哭着对大将麹（qū）允说："将士和百姓们因为我而受折磨，作为天子，本应为我的子民献出生命，但一想到我的死并不能救百姓于水火，如今之计，只有我投降称臣才能保全大家的性命！"

于是，他派人给刘曜送去降书，自己坐着羊车，光着上身，口里衔着玉璧，出城投降。为了表示自己请罪的诚意，他还让人抬着棺材随行。大臣们看到愍帝为了百姓甘愿受辱，一个个痛哭流涕，更有大臣因为无法忍受亡国之痛而自杀。刘曜非常高兴地接受了玉璧，让人烧了棺材，西晋就此灭亡。

不久，愍帝和群臣被押送到匈奴的都城平阳。匈奴的皇帝刘聪封愍帝为光禄大夫和怀平侯。在大殿上，愍帝向刘聪叩头跪拜，麹允看到这种情景，伏在地上痛哭不已。刘聪派人把他拉出大殿，关了起来，麹允就在监狱里自杀了。

第二年冬天，刘聪外出打猎，他坐在高大的骏马上威风凛凛，却让愍帝穿着士兵的衣服，手里拿着矛在前面开路。围观的人很多都是以前晋朝的百姓，看到昔日的皇帝如今沦落到这样的地步，受尽屈辱，纷纷流泪。

刘聪在宫中举行宴会，又让愍帝洗酒杯、端茶倒水，甚至上厕所的时候命令他站在旁边拿马桶盖。一位晋朝旧臣实在忍不住，抱着愍帝痛哭流涕，因此被刘聪杀害。

后来，愍帝还是被刘聪害死了，年仅十八岁。

到了唐代，宰相房玄龄主持编写《晋书》，在写到相关史实时评价说："自从永嘉之乱以来，社会动荡不安，人人自危。晋武帝司马炎的后代中，只有仁慈宽厚的司马邺才是大家一致希望归附的，无人能及。"

例句

何县长说："白先生在原上深孚众望，通达开明，品德高洁，出任参议员属众望所归，请你不必谦让。"（陈忠实《白鹿原》）

他做事效率高，管理能力强，成为带头人实在是众望所归。

成语个性

此成语也可以写作"众望所积""众望所依""众望攸归""众望有归"。

功败垂成

gōng bài chuí chéng

唐·房玄龄《晋书·谢安传》："降龄何促，功败垂成，拊（fǔ）其遗文，经纶远矣。"

释 垂：将要，接近。事情快要成功的时候却遭到了失败。

近义 功亏一篑 前功尽弃　　**反义** 大功告成 功成名就

东晋末年，社会动荡，北方的前秦迅速崛起，多次发兵侵犯东晋。总揽军政大权的谢安派自己的侄子谢玄率领军队征讨前秦。谢玄非常能干，接连打了几场大胜仗。

前秦皇帝苻（fú）坚非常生气，亲自率领八十万大军，号称百万之师，逼近淝水（在现在的安徽省合肥市肥西县），想一举攻下东晋。谢安任命谢玄为军队先锋，统兵八万对战迎敌。

前秦大军驻扎在淝水河边，扎下的营寨绵延几百里，灯火通明。而谢玄只有八万兵力，硬拼显然行不通，于是他给前秦统兵的将领苻融写了一封信："将军率领百万大军前来犯我国界，却驻扎在河边，堵住了我军的去路，看来你们是不打算速战速决。不然你们就先往后退一点，等我军过了河，与你们决一胜负，来个干脆，岂不是更好？"

苻融收到信后，和将领们一起商议，并上报给皇帝苻坚。有人认为晋军肯定有阴谋诡计，不能上当，但是苻坚却自负地说："我们有百万大军，还怕他区区八万晋军不成？"于是苻融答应了谢玄的要求，让全军向后退。

由于前秦军队人马太多，后退时秩序混乱，很快失去了控制，引发了严重的踩踏事故。谢玄抓住时机，马上率领军队杀了前秦军队一个措手不及。前秦军队兵荒马乱之际溃不成军，节节败退，士兵们死伤无数，纷纷逃亡。

晋军在谢安、谢玄的指挥下取得了淝水之战的全面胜利，创下了中国战争史上以少胜多的奇迹。谢玄带领大军趁机一路北进，不断追击前秦败逃的军队，收复了大片失地。谁知就在北方快要统一的时候，朝廷中流言四起，说谢安功高震主。有人对孝武帝说："谢安现在手握重兵，是一个巨大的威胁，怎么能保证他不会在北方自立为王呢？"孝武帝听后十分害怕，便令谢安让谢玄立刻收兵，在淮阴驻守，并且疏远了谢安。

谢玄眼看着千秋功业在接近成功的时候却遭到了失败，功亏一篑，心中十分不甘，在回军的路上气得生了重病，没过几年就去世了。

例句

- 他苦心经营了多年的重大科研项目"新一号"无法进行，功败垂成。（陈国凯《代价》）
- 他是一位发明家，正在研制一台智能机器，就在快要研发成功时，不小心输入了错误的程序，导致机器报废，结果功败垂成。

成语个性

文中提到的"淝水之战"产生了好几个成语。如"投鞭断流"，苻坚带着八十万大军，号称每人投一条马鞭到淝水中，就能截断河中的水流。后用来比喻人马众多，兵力强大。还有"草木皆兵""风声鹤唳"，苻坚晚上看到八公山上的草和树木，以为是漫山遍野的士兵；后来打了败仗逃跑时，听到风声和鹤鸣，以为是追兵呼喊。后用这两个词来形容惊慌恐惧，一有风吹草动便神经极度紧张。

成也萧何，败也萧何

chéng yě xiāo hé， bài yě xiāo hé

宋·洪迈《容斋随笔·萧何绐(dài)韩信》："信之为大将军，实萧何所荐，今其死也，又出其谋，故俚语有'成也萧何，败也萧何'之语。"

释 比喻事情的成败或好坏都因同一个人或同一事物。

近义 水能载舟，亦能覆舟

秦朝末年，淮阴（现在属江苏省）有一个叫韩信的人，年轻时生活困顿、落魄潦倒，家乡的人们都看不起他。

后来，韩信投奔了楚王项羽，参加反秦斗争，但是并没有得到重用。他向项羽提过许多作战建议，都没有被采纳，于是他又改投了汉王刘邦。

最初，刘邦也没有重用韩信，只让他当了一名小军官。一个偶然的机会，韩信结识了刘邦的心腹萧何，他向萧何分析了天下大势以及应对各种战况的战术。萧何看出，韩信是一个不可多得的军事天才，于是极力劝刘邦重用他，但刘邦半信半疑。

当时，刘邦的部下有几十个人偷偷逃跑了，韩信见刘邦没有重用自己的意思，也跟着跑了。萧何得知韩信逃跑的消息，心急如焚，来不及报告刘邦，便连夜追赶，终于追上韩信，把他劝了回来。

萧何回来后，刘邦生气地质问他："你为什么也跟着逃跑了？"萧何答道："我不是要逃跑，而是要追回逃跑的人。""你追的是谁？""韩信。"刘邦更生气了，骂道："这么多将领逃跑了你不追，偏去追这样一个小官！"

萧何却对刘邦说："其他人是可以轻易被替代的，但韩信的才能别人无法取代。您若甘愿做一辈子汉中王就算了；如果想要夺取天下，就必须重用此人。"刘邦见萧何如此重视韩信，便听从了他的建议，拜韩信为大将军。果然，在之后的战役中，韩信的军事才能逐渐显现出来，为刘邦统一天下、建立汉朝立下了赫赫战功。

但是刘邦做了皇帝后，对韩信产生了猜忌，怕他手握重兵而造反，就解除了他的兵权，还把他从楚王降为了淮阴侯。韩信非常气愤，真的有了起兵造反之心，却被人告发了。吕皇后得知消息后想把韩信除掉，她找来萧何一同商议。最后，萧何用计把韩信骗到宫中当场斩杀了。

韩信之所以能功成名就，是由于萧何的大力举荐；但韩信最后的死亡，也是因为萧何设下的计谋。后人根据这段史实，总结出"成也萧何，败也萧何"这一成语，比喻事情的成败或好坏都因同一个人。

成语个性

本故事出自汉代司马迁的《史记·淮阴侯列传》。韩信与萧何、张良并称为"汉初三杰"。关于韩信的成语还有"战无不胜""国士无双""一饭千金""多多益善""十面埋伏""背水一战"等。

例句

- 成也萧何，败也萧何，某心上至今不平。（明·冯梦龙《古今小说》）
- 她能言善辩，在和同学争论问题时，总能把对方说得哑口无言，但也正因为如此，同学们都不愿意跟她交朋友，真可谓"成也萧何，败也萧何"。

功名和权势 / 成败·成也萧何，败也萧何

亡戟得矛

wáng jǐ dé máo

战国·吕不韦《吕氏春秋·离俗》："齐晋相与战，平阿之余子亡戟得矛，却而去，不自快。"

释 亡：丢失。戟、矛：古代兵器。比喻有得有失或得失相当。

近义 得失相半 失之东隅，收之桑榆

反义 得不偿失 因小失大 惜指失掌

春秋时期，有一次，齐国和晋国发生了战争。一个齐国士兵在行军中落在了队伍的后面，他扛着长戟往前跑，想要追上队伍。这时，从旁边跳出来两个晋国士兵挡住了他的去路。齐国士兵毫不畏惧，与晋兵进行了一番殊死搏斗。只可惜寡不敌众，齐兵手中的戟被打落了，只能狼狈地逃跑。

他跑出老远，发现两个晋兵没有追过来，又发现草丛中有别的士兵丢弃的长矛，便立刻捡起来，转身往回跑，想要追上大部队重新参战。但他跑了几步猛然想起：齐国的军法规定，士兵如果在战场上丢失兵器，要受到军法处置。于是他停下来犹豫着，不知道该不该回去。

这时，他看见远处走来一个人，

仔细瞧瞧还是个读书人，便十分高兴地跑过去，礼貌地问道："请问先生，我在作战时不小心弄丢了我的戟，按规定会被处罚，但后来我又捡到了一支矛。您觉得我回去还会受到处罚吗？"

那个人不假思索地说："当然不会！戟和矛都是兵器，你虽然丢了一支戟，但得了一支矛，并没有损失啊！"说完他就走了。

齐兵听后仍然不放心，心想："读书人哪里懂军法？算了，我还是自己再想想吧。"正当这时，齐国镇守高唐的大夫经过这里，士兵立刻跑上前去，把事情的经过对他说了一遍。

齐大夫听后大怒道："戟是戟，矛是矛，哪里能相抵！你就等着受处罚吧！"

齐兵听后失望地回到队伍中，此时齐军节节败退，士兵们纷纷逃跑，但他仍坚持抵抗。同伴劝他一起逃命，他却悲壮地说："我回去也是被处死，在这里战死也是死，还不如多杀几个敌人！战死沙场才是一个士兵的英雄本色！"说完，他继续投入到战斗中，直到英勇牺牲。

🌰 例句

● 小雅虽然期末考试考砸了，但她在市里的奥数比赛中得了一等奖，也算是亡戟得矛吧。

● 亡戟得矛是人生的常态，我们不能过于计较得失。

成语个性

矛、戟、戈都是古代战争中常用的长柄兵器。矛顶端的矛头为直刃。戈是一种曲头兵器，为横刃。而戟是一种将戈和矛合为一体的兵器，既能直刺，又能横击，攻击性更强。

10 功名和权势

得失 · 亡戟得矛

楚弓楚得
chǔ gōng chǔ dé

汉·刘向《说苑·至公》：「楚共王出猎而遗其弓，左右请求之。共王曰：'止！楚人遗弓，楚人得之，又何求焉？'」

释 楚国人丢失的弓被楚国人捡到，并不算损失。比喻失掉的利益没有外流。

反义 楚材晋用

春秋时期，楚国国君楚共王有一张很珍贵的弓，据说是黄帝时期流传下来的。这张弓制作精良、装饰精美，用来射箭打猎更是十发九中。楚共王非常喜欢这张弓，每次打猎时都要带上它。

有一次，他带着几名随从在山林里狩猎。野兽拼命奔逃，楚共王驾着马飞驰在后，紧追不舍。眼看着快要追上时，他准备从腰间拿出弓箭射击，但伸出手去却没有摸到弓。原来是他骑马骑得太快，那弓早就在剧烈的颠簸中不知掉到哪里去了。

随从们紧张地说："大王，我们马上沿路回去帮您找回弓！"

人丢了弓，另一个人捡到了，也不算损失。天下所有的百姓都是我们的亲人，不管哪国都是一样的，何必非得是楚国人呢？"

众人听了，更加佩服，赞叹地说："楚共王心怀的是自己的国家，但孔子心怀的是全天下呀！孔子的思想才是真正到达了'大公'的地步！"

例句

- 如今恰恰的不曾动身，这个东西送上门来，楚弓楚得，岂有再容它已来复去的理？（清·文康《儿女英雄传》）
- 奶奶领着小花在小区里玩时，不小心把遥控飞机落在了路边草丛里，正好被下班回来的小花爸爸捡到了，这可真是楚弓楚得啊！

楚共王却笑了笑，摆摆手说："不用找了，这弓掉在楚国的土地上，肯定也会被楚国人捡到。楚国的弓给楚国人捡去，这样想来，并不算丢失呀！"

大家听了，纷纷称赞楚共王的胸襟宽广。

后来，事情传到了孔子的耳朵里，孔子说："楚共王确实是个胸怀广大的明君，但是还不够，应该这样想，一个

成语个性

孔子是儒家学说的创始人，"大公无私"是儒家奉行的主要思想，要求"人人爱人"，君王要对天下百姓一视同仁，爱护百姓；百姓要相互关爱，相互扶持照顾。文中孔子的话是儒家思想的重要体现，在今天仍有深刻的教育意义。

10 功名和权势　得失　楚弓楚得

惜指失掌
xī zhǐ shī zhǎng

唐·李延寿《南史·阮佃夫传》:"佃夫拂衣出户,曰:'惜指失掌耶?'遂讽有司以公事弹恢。"

释 因舍不得一个指头而失掉整个手掌。比喻因小失大。

近义 得不偿失 因小失大 舍本逐末

反义 一举两得 一箭双雕 一石二鸟

南朝宋时期,有一个人叫阮佃夫,他因为帮助宋明帝刘彧(yù)夺取帝位有功,成为明帝的心腹大臣,掌管着朝政大权。

阮佃夫是一个生活上奢靡无度,而且气量非常狭小的人,谁要是敢违抗他的意愿,马上就会被治罪。

当时有一个叫何恢的官员,为了能升官,给阮佃夫送去了许多钱财,阮佃夫便把他升任为广州刺史。何恢为了表示感谢,特意设宴邀请阮佃夫到他家饮酒欢歌。

宴席上,何恢让乐队奏起音乐,让家中的舞女们出来唱歌跳舞助兴。舞女中有一个叫张耀华的,长得貌美绝伦,舞姿也出众,阮佃夫一见就喜欢上了,他对何恢说:"你家这位舞女长得可真漂亮,送给我吧!"这张耀华正好是何恢最宠爱的舞女,要把她送给阮佃夫,何恢

可舍不得，于是一口回绝了。

阮佃夫说："你家漂亮的舞女这么多，送我一个又有什么关系呢？"

没想到何恢说："我何恢容易得到，但这么漂亮的女子难得到，所以我不能把她送给你。"

阮佃夫听后勃然大怒，一拍桌子站起身来，生气地说："你这个人真是分不清轻重，我看你会因为爱惜一根手指而失去整个手掌！竟敢为了一个女人反抗我，你就等着丢官吧！"说完拂袖而去。

第二天，阮佃夫便上书朝廷，随便找了个借口，要求罢免何恢的官职。明帝宠信阮佃夫，立刻同意了。

从这件事后，朝中更没有人敢违背阮佃夫的意愿。后来，他的野心越来越大，甚至想彻底掌管朝政，暗地里准备发动政变，没想到被人告发，计划失败。最后，阮佃夫被处死，他的财产也都被没收了。

成语个性

和这个成语意思相近的成语还有"爱鹤失众""坏塘取龟""发屋求狸""掘室求鼠""割唇治龋""争鸡失羊"等，都是比喻不分主次，因小失大。

例句

🍀 工厂为了节省成本，生产出质量低下的产品，结果败坏了自己的声誉，干的其实就是惜指失掌的蠢事。

🍀 考试时要分清主次，不要惜指失掌，把时间全都耗在小题目上，导致大题做不完。

贪小失大

tān xiǎo shī dà

战国·吕不韦《吕氏春秋·权勋》:"此贪于小利以失大利者也。"

释 因为贪图小便宜而失掉大利益。也比喻只谋求眼前的好处而不顾长远的利益。

近义 得不偿失 舍本逐末 本末倒置

反义 乞浆得酒 事半功倍 一箭双雕

战国时期,蜀国土地肥沃、物产丰富,秦国早就有吞并它的打算。但是进入蜀国的道路非常艰险,秦兵难以通过,因此只能眼巴巴地看着这块肥肉却无可奈何。

秦惠文王叫来大臣们一起商议对策。有人说:"蜀国国君是个剥削百姓、贪婪无道的暴君,我们可以利用他贪图钱财的天性,用石头雕一头牛,再在牛后面放上一堆堆金子,说这是石牛拉出来的,然后说要把这头会拉金子的石牛送给蜀国。这样一来,蜀国自然就会帮我们开山修路了!"秦惠文王听后觉得这主意不错,马上派人准备妥当,并且把消息散布了出去。

消息传来,蜀国立刻轰动了,百姓们议论纷纷:"秦王要送石牛来讨好我们蜀侯，听说这石牛会拉金子呢！"蜀侯得知这个奇闻后更是扬扬得意。一些大臣劝他说："您千万不要相信秦国，这很有可能是他们的阴谋！"但蜀侯一心只想得到会拉金子的石牛，根本听不进大臣们的话。

过了几天，秦国的使臣果然来求见蜀侯，并送上一份礼单，对蜀侯说："这是我们大王要送给您的礼物，想要与蜀国结好。"蜀侯一看礼单，上面真的写有"石牛"，就更高兴了。

他心急地问："礼物什么时候能送到呢？"

使臣故作为难地答道："进入蜀国的路太过难行，也许需要一年半载才能运到。"

蜀侯可等不及，他马上征集了大量民工，花了几个月时间来凿开山石，填平深谷，修建了一条连通秦蜀的平坦道路，接着又派出五个大力士到秦国把石牛拉回来。秦惠文王立刻以运送石牛的名义，挑选精兵紧随其后，向蜀国进发。

蜀侯和文武百官都在郊外心急地等着，百姓们也都来看热闹。当他们看到运石牛的大力士的身影时，立刻高兴地欢呼迎接。然而没想到的是，跟在后面的秦军突然提着武器冲了过来。蜀国人还没反应过来是怎么回事，家园就被攻占了。蜀侯也被天下人耻笑因为贪图小利而失去了大利，自己沦为阶下囚，整个国家都被秦国吞并了。

成语个性

这个故事也叫"石牛粪金"，出自北朝北齐刘昼的《新论·贪爱》。自古以来，蜀地地势以险要闻名，李白据此写过一首广为流传的长诗——《蜀道难》。从陕西通往四川的金牛道又名石牛道，是古代中原进出蜀地的主要通道，本文故事即是路名的由来。

例句

🌰 这叫作"贪小失大"，所以为人切不可做那讨便宜苟且之事！（明·凌濛初《初刻拍案惊奇》）

🌰 为了一时的利益，大面积砍伐树木，毁掉森林，必将贪小失大，最终毁掉的是人类自己的家园。

10 功名和权势 / 得失 · 贪小失大

合浦还珠

hé pǔ huán zhū

南朝宋·范晔《后汉书·孟尝传》："(孟)尝到官，革易前敝，求民病利。曾未逾岁，去珠复还。"

释 比喻东西失而复得，或离开的人又回来了。

近义 失而复得

反义 不翼而飞

东汉时期，有一位官员叫孟尝，为人正直仗义，品行出众，被人推荐当上了县令，后来又被举荐担任合浦郡（在现在的广西）太守。

合浦郡不出产粮食，但濒临一大片海域，海中生长着各种蚌类，盛产珍珠，当地的百姓都以采珍珠为生。合浦出产的珍珠品质非常好，又圆又大，色泽纯正，名扬天下，被称为"合浦珠"。

当地的官员见采珍珠的收益丰厚，就逼迫百姓日夜不停地开采珍珠，并把所得钱财大多收入自己囊中。海中的蚌由于超负荷产珠，纷纷死去，剩下的大多也逃到临近的海域中求生。

合浦的百姓越来越难捞到蚌，没有蚌生产珍珠，就无法和其他郡县通商换得粮食。渐渐地，合浦变得越来越贫困，外地的商人也不来了，人们缺衣少食，饿死的人越来越多，百姓的日子过得十分悲惨。

孟尝担任合浦太守后，马上调查了贫困的原因，并制定出政令，严禁官吏敲诈剥削百姓，废除了不合理的采珠制度，禁止滥捕滥采，使合浦的海洋生态环境得到了极大的恢复。果然，在不到一年的时间里，原先离开的蚌又回到了合浦，并开始繁衍生息。百姓们重新恢复采集珍珠的旧业，合浦又开始人来人往、商货通行，甚至比以前还繁荣。人

们认为是孟尝的德政感动了神灵,才让珍珠重返合浦,都把他当成神明一般看待。

孟尝任合浦太守时,公正清明,从不贪赃枉法。后来,他告病回乡,当地官员都极力挽留,百姓们更是拉着他坐的车子不让他走,孟尝只好趁晚上坐小船悄悄离开了合浦。

例句

🍃 合浦珠还自有时,惊危目下且安之。(明·凌濛初《初刻拍案惊奇》)

🍃 他在外漂泊多年,杳无音信,如今终于重回家乡,真可谓合浦还珠。

成语个性

此成语还可以写作"合浦珠还""珠还合浦"。文中主人公"孟尝"与"战国四公子"中的孟尝君并非同一人,东汉的孟尝是姓孟名尝;战国时齐国的孟尝君为妫(guī)姓,田氏,名文,号孟尝君。

劳苦功高
láo kǔ gōng gāo

汉·司马迁《史记·项羽本纪》:"劳苦而功高如此,未有封侯之赏,而听细说,欲诛有功之人,此亡秦之续耳。"

释 出了很多力,吃了很多苦,立下了很大的功劳。

近义 汗马功劳 丰功伟绩　　**反义** 徒劳无益 劳而无功

秦朝末年,民不聊生,各地纷纷爆发农民起义,反抗秦朝的残酷统治。在各路抗秦起义军中,以项羽率领的军队实力最强。项羽率领大军消灭秦军主力后,来到秦朝都城咸阳附近。在这之前,另一位起义军首领刘邦率领的队伍已经攻下咸阳,大军驻扎在城外。这时,项羽的谋士范增劝项羽找机会除掉刘邦这个强有力的对手。

于是,项羽在咸阳郊外的鸿门(在现在的陕西省西安市)设下宴席,邀请刘邦前来赴宴。刘邦虽然知道此去凶多吉少,但不去的话会惹来更大的祸患,只好答应了。

第二天,刘邦应约前来,而且只带了谋士张良、将军樊哙(kuài)和一百多名随从。在宴席上,刘邦恭敬谦卑,对项羽尽表忠心,项羽被他的诚意打动,再三犹豫没有动手。范增见状,让勇士项庄以舞剑助兴为名,趁机刺杀刘邦。

张良马上出去找到樊哙,对他说了营帐内的情况。于是,樊哙拿着剑和盾牌闯

10 功名和权势 / 成就功绩·劳苦功高

进营帐，瞪大了眼睛怒气冲冲地盯着项羽。项羽惊讶地问："这位壮士是谁？"张良说："这是我们主公手下的樊哙将军。"项羽便令人端上一大杯酒和一条猪前腿赏赐给樊哙。

樊哙接过酒一饮而尽，又把猪腿放在盾牌上，直接拔出剑来切着吃。

项羽见樊哙如此豪爽，便问："壮士，还能再喝一杯吗？"

樊哙说："秦王暴虐无道，我跟着主公出生入死，历经大小无数战役，连死都不怕，更何况这区区一杯酒？当初楚怀王与各路将领约定，谁先攻入咸阳谁就是关中王。主公率领我们一路浴血奋战，攻下咸阳后，宫殿里的财宝一点都不敢动，还特意派将领把守函谷关，只为防备其他盗贼攻入，等待您的到来。我们主公对您一片忠心，出了这么大力，吃了这么多苦，立下这么大功劳，不但没有得到您的封赏，您还听信奸人的谗言，想要杀掉有大功的人，这不是想要重蹈秦国的覆辙吗？"

项羽被樊哙说得哑口无言。这时，刘邦见形势有所缓和，便借口要去上厕所，带着樊哙逃了出来，让张良留下继续应付局面。

就这样，刘邦得以顺利脱身。后来，经过四年的战争，刘邦终于打败了项羽，统一天下，建立了汉朝。

成语个性

文中提到的宴会发生于公元前206年，历史上称为"鸿门宴"，这次宴会后，刘邦和项羽彻底决裂。后来，人们便使用"鸿门宴"一词比喻有阴谋、不怀好意的宴会。

🌰 例句

🍃 这是决战的最后五分钟了！这一班劳苦功高的"英雄"，手颤颤地举着"胜利之杯"，心头还不免有些怔忡不定。（茅盾《子夜》）

🍃 战士们为了保护人民的生命财产安全，跳入江水中筑成人墙，阻挡洪水的冲击，最后保住了大堤，真是劳苦功高。

贪天之功
tān tiān zhī gōng

春秋·左丘明《左传·僖公二十四年》:"窃人之财,犹谓之盗,况贪天之功,以为己力乎!"

释 贪图上天的功劳,说成是自己的力量。现指抹杀他人或者集体的贡献,把功劳归于自己。

近义 居功自傲 好大喜功
反义 功成不居 功成身退

春秋时期,晋国发生内乱,公子重耳被迫在外逃亡十九年,身边仅有几个忠心耿耿的臣子追随他,其中有一个叫介子推。

逃亡之路非常艰辛,有时候连饭都吃不上。有一次,重耳饿得快要晕倒了,身边的臣子都束手无策,介子推毫不犹豫地从自己大腿上割下一块肉,熬汤给重耳吃,救了他一命。后来,重耳历尽波折后终于回到晋国,成为晋国国君,也就是晋文公。介子推也回到了自己的家乡,专心照顾母亲,靠编草鞋为生,日子过得十分清贫。

晋文公为了感谢当初追随自己的臣子,大行封赏,由于封赏的人太多,他一下子没想起对他有救命之恩的介子推。介子推的邻居听说后,马上来找介子推,对他说:"国君要封赏有功之人,你一去,他肯定会立刻想起你,从此以后你可就大富大贵了!"

10 功名和权势 / 成就功绩 · 贪天之功

但介子推只是笑而不语。介子推的母亲见儿子似乎不愿意去领赏，就问："这十九年来，你一直忠心耿耿地追随国君，甚至在国君性命攸关的时候割下自己的肉给他吃。论功的话你应当是头功，必定可以封官赐地，这样以后就不用编草鞋了，你为什么不去呢？"

介子推却回答说："母亲，我并不想要赏赐。"

他的邻居听了很不理解，介子推说："国君是献公九个儿子中最有智慧和胆识的，他能成为国君，这是天意，有些人却认为这是自己的力量促成的。偷别人的钱财，都会被人说成是贼，更何况贪图上天的功劳，说成是自己的力量呢？当臣子的把这种罪过当成道义，国君却封赏这些奸诈的人，这样的人，怎么和他们相处啊？我宁愿一辈子编草鞋，也不会去争这些功劳！"邻居听了，十分敬佩介子推的为人。

介子推的母亲说："不管怎么说，也要让国君知道你心里的真实想法吧？"

介子推却说："言语，只是表现自己的手段。我都已经打算找个地方去隐居了，为什么还要去说这些来表现自己呢？"

母亲说："如果你已经打定主意，我愿意和你一起去隐居。"介子推听后，便背着母亲搬到绵山上居住，从此隐居不出。

例句

- 自谓社稷之臣，贪天之功，侥幸异日，天下之人指为四凶。（元·脱脱《宋史·刘安世传》）
- 这项荣誉是团队所有成员共同努力得来的，谁也不要贪天之功，把功劳说成是自己的。

成语个性

介子推隐居绵山后，有一天，晋文公终于想起了他，于是派人到绵山请他入朝做官，但介子推坚持不出山。有人出了个放火烧山逼介子推出来的主意，却没想到介子推宁可被活活烧死也没有出来。晋文公为了祭奠他，便下令每年在他死的这一天全国禁烟火，只能吃冷食。这就是寒食节的由来。

93

十羊九牧

shí yáng jiǔ mù

唐·魏征《隋书·杨尚希传》:"所谓民少官多,十羊九牧。"

释 九个人放牧十只羊。比喻民少官多，浪费人力。也比喻政出多门，让人无所适从。

近义 一国三公 人浮于事　　**反义** 精兵简政 各得其所

南北朝时期的北周，有一个人叫杨尚希。他天资聪颖，十一岁时到长安求学，受到大儒学家的赏识，从此进入太学学习。

有一次，周太祖来太学参加祭祀典礼，十八岁的杨尚希奉命在典礼上讲《孝经》，因为言词优美、讲解生动，深受周太祖赏识。杨尚希一直坚持刻苦学习，钻研学问，后来成为了知识渊博、声望很高的学者。

北周丞相杨坚夺取政权，建立隋朝后，因为杨尚希是和皇帝同姓的远亲，又有名望，所以受到朝廷的重视，被任命为度支尚书，管理国家的财政税收。

隋朝初年，隋文帝杨坚沿袭了之前北周的制度，全国设有州、郡、县三级地方行政机构。但是设立的州郡太多，因此官员数量极多，再加上制度混乱，导致国家不堪重负。朝廷为了有足够多的钱给官员们发放俸禄，不得不提高税收，这样就加重了百姓的负担，人们怨声载道。

杨尚希看到这样的情况后十分忧心，于是上书给隋文帝说："现在设立的郡县太多了，比古代多了几倍。有些地方方圆不足一百里，就设了好几个县；有些地方不到一千户人家，却分成两个郡来管。这就使得官员吏卒也成倍地增加，这种民少官多的情况就好像九个人放十只羊一样，极大地浪费了人力、物力和财力。"

文帝听后觉得他说得很有道理，便问杨尚希应该怎么办。杨尚希说："应该保留重要的，撤掉不重要的，把几个小县合并成大县，减少官府人员。这样一来，官员俸禄的开支就能大大节省下来。同时，还能把贤才用到真正需要的地方，使物尽其力、人尽其用。"文帝采纳了杨尚希的建议，撤销了全国所有的郡，大大节省了官府的开支。

例句

🍄 杨恁公则云必须直词，宗尚书则云宜多隐恶，十羊九牧，其令难行。（唐·刘知几《史通·叙事》）

🍄 政府需要提高行政办事效率，杜绝十羊九牧的现象。

功名和权势 / 官员·十羊九牧

95

尸(shī)位(wèi)素(sù)餐(cān)

汉·班固《汉书·朱云传》：
"今朝廷大臣，上不能匡主，下亡以益民，皆尸位素餐。"

释 尸：古代祭祀时代替死者受祭的人。尸位：占据着职位却不做事。素餐：不做事却白吃饭。空占着职位却不做事，多指在位的官员不尽职守空享俸禄。

近义 伴食宰相 三旨相公　　**反义** 恪尽职守 兢兢业业

西汉时期，有一个大力士叫朱云，他为人十分仗义，年轻时不爱读书，只喜欢

10 功名和权势 · 官员 · 尸位素餐

结交侠客义士。到了四十岁时，朱云决心认真求学，便跟着有学问的名家学习《易经》《论语》。

朱云学习刻苦，而且领悟能力很强，人们都称赞他有志向、有才气、有毅力。后来，朱云在都城长安和一位叫五鹿充宗（"五鹿"为复姓）的儒学家辩论，驳得五鹿充宗无言以对，从此名震长安，后来被任命为都城附近一个县的县令。

当时的皇帝汉成帝十分敬重自己的老师张禹，还让他当了丞相。而这张禹仗着有皇帝撑腰，以权谋私，干了许多坏事。

朱云见到这种状况，便上书请求朝见。他当着文武百官的面，对汉成帝慷慨陈词："现在的朝中大臣，既不能辅助帝王改正过失，又不能为百姓谋取福利，都是些占据着职位却不做事，空吃白饭的人！请陛下赐我一柄尚方宝剑，让我杀掉所有奸臣，以儆效尤！"

成帝好奇地问："你想杀谁？"

朱云义正词严地回答道："第一个要杀的就是当朝丞相张禹！他身居高位，却无功于君，无德于民，难道不该杀吗？"

成帝勃然大怒："大胆！你一个小小的官员竟敢诽谤污辱我的老师！"说完，便下令将朱云拉出去斩了。

殿外的士兵立刻冲进来要将朱云拖走，朱云抱住栏杆奋力挣扎，因为他天生力大无穷，以至于把栏杆都扯断了。他一边挣扎，一边大声呼喊："我能像古时的龙逄（páng）、比干（gàn）那些忠臣一样殉节，死也满足了！只可惜国家从此要败亡了！"

这时有一位正直的将军冒死为他求情，成帝也怕这件事传出去后，天下人会议论他是个滥杀忠臣的暴君，就赦免了朱云。

事后，宫廷里准备修理被朱云扯断的栏杆时，成帝却说："不用修了，就留作纪念吧，用来表彰忠臣义士。"

例句

🍀 在我们这里既没有"老虎"可打，也没有"苍蝇"可拍，所以简直有"尸位素餐"之嫌，心里很觉得不安。（邹韬奋《经历·临时的组织》）

🍀 在这次课外调研活动中，大部分同学都能尽职尽责，但也有个别同学尸位素餐，什么工作都等着别人去做。

成语个性

从本故事衍生出的"攀槛、攀栏、折槛"等词被后人用来比喻直言进谏，以"朱云节""朱云折槛"来称颂臣子敢于直谏，具有非凡的气节。

三旨相公

sān zhǐ xiàng gōng

元·脱脱《宋史·王珪传》:"以其上殿进呈,曰取圣旨;上可否讫(qì),云领圣旨;退谕禀事者,曰已得圣旨也。"

释 用来讽刺庸碌低能的大官。

近义 尸位素餐 伴食宰相 **反义** 励精图治 恪尽职守

北宋时期的王珪(guī)出生于书香世家。他天资聪颖,加上自幼勤学苦读,二十三岁那年就在科举考试中考取了第二名,俗称"榜眼",从此步入仕途,做官一直做到了宰相。

王珪性情随和,但胆小懦弱,缺乏主见和判断能力。王珪担任负责起草诏令等文书的翰林学士时,宋仁宗让宰相向他传达立赵曙为太子的旨意,让王珪草拟圣旨。王珪听后吓出一身冷汗,说:"这么重要的事,我必须当面问清楚皇上才敢做。"

第二天一大早,他就入宫朝见,问宋仁宗:"这果真是您的旨意?"等宋仁宗确定地答复了他,他才松了一口气。

10 功名和权势

三旨相公

后来，赵曙继位成宋英宗，宫中有些奸臣小人在他面前诬蔑王珪说："当初先皇要立您为太子时，王珪迟迟不肯起草圣旨，甚至入宫质疑先皇，说明他对您不忠。"宋英宗本来就因为当年的事对王珪心存不满，听人这么一说更生气了，便冷落了王珪，直到四年后才重新起用。

到了宋神宗即位时，王珪更是小心翼翼，生怕出错。每天上早朝时，他就把要呈给皇帝的奏折送去，等待宋神宗的决定，称为"取圣旨"。等神宗做出决定，宣读完旨意，他就毕恭毕敬地跪在地上接取圣旨，称为"领圣旨"。回去后，他就告诉禀事的人："我已经拿到皇上的圣旨了，你就领旨回去照办吧。"称为"已得圣旨"。

王珪在朝堂上很少发表自己的意见，总是站在一旁默默地听其他大臣发言，对于皇帝的旨意更是从来不敢有任何异议，上头怎么下达的命令他便怎么照做。在他担任宰相的十六年里，除了上报奏折、领旨照办外，没有任何政绩。人们都在背地里讽刺他："王珪当宰相当得真是舒服啊，每天只需做三件事，取圣旨、领圣旨，告诉别人'已得圣旨'，干脆就叫他'三旨相公'吧！"

🌰 例句

● 人民的公仆应该勇于担当、尽心尽责，千万不可当个"三旨相公"，无所作为。

● 老师说什么，班长就做什么，从来没有自己的主见，这样的班干部不就是个"三旨相公"吗？

成语个性

在古代，"相公"一词主要有三种用法：一、妻子称丈夫为相公；二、称年轻的读书人为相公；三、俗称宰相为相公。

99

炙手可热
zhì shǒu kě rè

唐·杜甫《丽人行》:"炙手可热势绝伦,慎莫近前丞相嗔。"

释 炙:烤。手一靠近就觉得很热。比喻一个人权势大,气焰盛。

近义 气焰熏天 烜(xuǎn)赫一时 权倾天下　**反义** 人微言轻 虎落平阳

唐玄宗李隆基刚即位时,任用贤才、励精图治,使社会经济得到很大的发展,百姓安居乐业,历史上称这段时间为"开元盛世"。但到了晚年,唐玄宗开始骄傲自满,安于现状,没有了从前的志向和抱负,整天沉溺于奢侈享受中。

杨玉环是中国古代四大美人之一,唐玄宗十分宠爱她,封她为贵妃,给了她很多封赏,连她的亲戚族人也跟着受益。杨贵妃的堂兄杨钊因为她的关系当了官,仕途一帆风顺,被赐名为"国忠",后来还当上了宰相。杨贵妃的姐姐们也受到了封赏，大姐被封为韩国夫人，三姐被封为虢（guó）国夫人，八姐被封为秦国夫人。

杨家兄妹仗着皇帝的宠信，过上了奢侈无度的生活。杨贵妃爱吃荔枝，但荔枝只生长在南方，而且不容易保鲜，唐玄宗便命令驿站用快马一站站地传递运送。上千里的路程，新鲜的荔枝两三天之内就能送到都城长安。每年十月，唐玄宗都要带上杨贵妃、虢国夫人、杨国忠等人一起去华清宫游玩，车马成列、仆从成群、声势浩大，十分奢侈。

杨国忠当上宰相后，更是滥用手中的权力谋取私利。他很善于揣测唐玄宗的心意，用花言巧语哄骗得唐玄宗把朝廷政事都交给他处理。自此，杨国忠的权势无人能比，有人稍不顺从，便将他们治罪。所以一般人根本不敢近前，生怕不小心得罪了他而引来祸患。

唐代诗人杜甫对杨家兄妹只顾自己奢靡享乐，不顾人民苦难的做法十分愤慨，于是写下了长诗《丽人行》来讽刺他们，诗中有一句写道："炙手可热势绝伦，慎莫近前丞相嗔！"意思是：杨家的人权势大、气焰盛，手一靠近就觉得烫，旁人无法相比。你可千万别靠近他们，免得丞相发怒，引来杀身之祸！

由于唐玄宗晚年昏庸，只顾自己奢侈享乐，荒废朝政，导致后来爆发了"安史之乱"，国家陷入重大危机，元气大伤，唐朝从此开始走向衰落。

例句

● 俄皇又派他儿子做了宪兵中佐，正是炙手可热的时候。（清·曾朴《孽海花》）

● 清朝初年的鳌拜是个权倾朝野、炙手可热的大奸臣，最后被康熙皇帝设计抓捕，死在牢中。

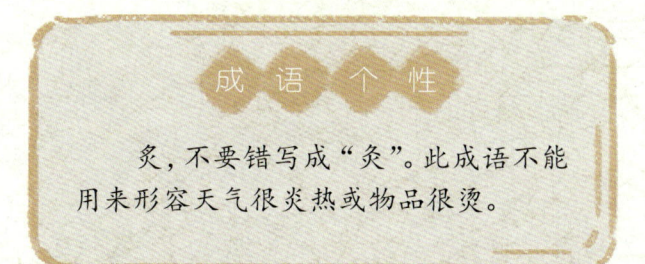

成语个性

炙，不要错写成"灸"。此成语不能用来形容天气很炎热或物品很烫。

一人得道，鸡犬升天

yì rén dé dào，jī quǎn shēng tiān

汉·王充《论衡·道虚篇》："王遂得道，举家升天，畜产皆仙，犬吠于天上，鸡鸣于云中。"

释 一个人得道成仙，全家连鸡、狗也都跟着升天成仙。比喻一个人得了势，和他有关系的人也都跟着沾光。

反义 城门失火，殃及池鱼

传说在汉朝时期，淮南王刘安痴迷于学习道术，希望能修炼成仙。他听说炼成仙丹并服食后便能成仙，于是重金求名士炼制丹药。

10 功名和权势

权势·一人得道，鸡犬升天

有八位道行很高的老仙人，人称"八公"，他们听说刘安是个十分敬重道士的人，便慕名前来投奔。刘安想看看他们是不是有真本事，就让守门人故意刁难八公。

守门人故作不屑地说："我们王爷只收三种人，一种是会长生不老术的道士，一种是学识渊博的学者，还有一种就是威武不屈的勇士。你们这几个老头子靠什么本事来投奔我们王爷？"

八位老仙人中的一位笑着说："我们听说淮南王礼贤下士，但今天看来不过是个以貌取人的俗人而已。"

另一位老仙人附和道："既然王爷嫌我们老，那我们就变得年轻一点吧。"说完，八位老仙人全都变成了十四五岁的俊俏少年。

守门人惊呆了，立刻报告刘安。刘安听后赶紧出来赔罪，八位少年又恢复成了老人的模样。刘安恭恭敬敬地把他们迎了进去，从此把八公当成最尊贵的门客，虚心向他们学习炼丹仙术。

八公见刘安这么好学，便把《玉丹经》传授给他。刘安得了《玉丹经》后，每天刻苦钻研，耗费了大量财力物力，终于把仙丹炼制了出来。这时，他的儿子刘迁闯祸了，刘安也被诬陷谋反，汉武帝下令捉拿刘安。

情急之下，刘安只好求助八公。其中一位老仙人不慌不忙地说："不用担心，你飞升成仙的时候到了。"于是，刘安按照八公的吩咐，登上高山祭祀神灵，然后服下炼好的丹药。不一会儿，他感觉身体轻飘飘地往上升。就这样，刘安跟着八位老人一起飞升成仙了。

刘安飞天后，家中的鸡和狗错把剩余的丹药当成粮食吃了。吃了丹药的鸡、犬都发出耀眼的光芒，也跟着一起上天成仙了！邻居们看到鸡在天上打鸣，狗在云里吠叫，惊叹不已。

从这以后，家中的鸡、犬跟着刘安一起成仙升天的故事便流传开来。

例句

● "一人得道，鸡犬升天"的道理不仅自古有之，现实生活当中也并不少见。（尚久骖《糖为什么这么甜》）

● 他当了县长之后，利用手中的权力把身边的亲信也一起提拔上位，真可谓"一人得道，鸡犬升天"。但法网恢恢，疏而不漏，最终他和他的同党都受到了法律的制裁。

成语个性

此成语含有贬义。实际使用时，也可以单用"鸡犬升天"。历史上的淮南王刘安其实是因为图谋造反被告发而畏罪自杀，本文所说的故事只是后人编写的民间传说故事。

09 勤奋和进取

附录 分类成语

勤奋
熟能生巧(4)
勤能补拙

以勤补拙	孜孜不倦	日昃忘食	朝乾夕惕	坐以待旦
笨鸟先飞	孜孜以求	昧旦晨兴	晨炊星饭	
人一己百	天道酬勤	夙兴夜寐	焚膏继晷	
摩厉以须	发愤忘食	晨兴夜寐	夜以继日	
磨厉以须	废寝忘食	鸡鸣而起	通宵达旦	

勤劳
汗流浃背

汗如雨下	亲操井臼	不辞劳苦	早出晚归	胼手胝足
挥汗如雨	勤勤恳恳	吃苦耐劳	手足胼胝	
克勤克俭	任劳任怨	起早贪黑	手胼足胝	

勤政
宵衣旰食(6)
宵旰图治

昃食宵衣	勤政爱民	亲力亲为
夙夜在公	未明求衣	事必躬亲	
	握发吐哺	事无巨细	

敬业

| 兢兢业业 |
| 恪尽职守 |

创业

| 白手起家 | 创业维艰 | 开路先锋 |
| 筚路蓝缕 | 兴家立业 | |

忙碌
孔席墨突

孔席不暖,墨突不黔(8)	席不暇暖	日不暇给	食少事繁
	一馈十起	日无暇晷	并日而食
	日理万机	食不暇饱	衣不解带

懒惰
好吃懒做
好逸恶劳
不稼不穑

四体不勤,五谷不分	饭来张口	苟且偷安	无所用心
饱食终日,无所用心	坐享其成	苟且偷生	无所作为
饱食终日	坐吃山空	安于现状	游手好闲
	得过且过(10)	容头过身	玩物丧志
		无所事事	髀肉复生

09 勤奋和进取

附录 分类成语

艰辛

甘之如饴　劈波斩浪　艰苦奋斗　生于忧患，　三折其肱
披荆斩棘　稼穑艰难　千辛万苦　死于安乐　百炼成钢

攻苦食淡　过五关　摩顶放踵　呕心沥血　流水不腐，
（12）　　斩六将　艰苦卓绝　（14）　　户枢不蠹

进取

奋发图强　争先恐后　急起直追　不遗余力　知难而进
自强不息　（16）　　奋起直追　（18）　　涉危履险

昂首阔步　励精图治　力争上游　全力以赴　赴险如夷
慷慨激昂　精神抖擞　见贤思齐　尽力而为　逢山开道
高歌猛进　朝气蓬勃　心慕手追　尽心尽力　一往无前
意气风发　血气方刚　当仁不让　更上　　　尽心竭力　勇往直前
踔厉风发　龙马精神　不甘后人　一层楼　　鞠躬尽瘁
斗志昂扬　龙腾虎跃　不甘示弱　更上层楼　死而后已
风风火火　振奋人心　不甘雌伏　百尺竿头，拼死拼活
发愤图强　奋发有为　不甘寂寞　更进一步　赴汤蹈火
发奋图强　投袂而起　迎头赶上　竭尽全力　（20）

消沉

英雄气短　暮气沉沉
老气横秋　尸居余气

勤学

十行俱下　十年寒窗　学而不厌　目不窥园　凿壁偷光
一目十行　书声琅琅　好学不倦　（24）　　（28）

韦编三绝　朝经暮史　书声朗朗　不厌其烦　囊萤映雪　断齑画粥
（22）　　皓首穷经　敏而好学　如饥似渴　（26）　　牛角挂书
手不释卷　白首穷经　笃信好学　勤学好问　萤窗雪案　悬梁刺股
日诵五车　青灯黄卷　笃志好学　业精于勤　雪案萤窗　（30）
开卷有益　黄卷青灯　笃学好古　穷而后工　燃糠自照　刺股悬梁

钻研

沙里淘金　排沙简金　爬罗剔抉　旁收博采　仰观俯察
披沙拣金　去粗取精　旁搜博采　穷搜博采　日锻月炼

105

附录 分类成语 09 勤奋和进取

钻研
- 寻根问底
- 追根究底
- 千锤百炼
- 寻根究底
- 追本溯源
- 推本溯源
- 打破砂锅问到底
- 探本寻源
- 寻源探本
- 穷源溯流
- 溯源穷流
- 探赜索隐
- 研精钩深
- 研精覃思
- 专精覃思
- 苦心孤诣
- 面壁功深

学习方法
- 融会贯通
- 触类旁通
- 格物致知
- 暗中摸索
- 循序渐进
- 他山之石
- 取长补短
- 敬业乐群
- 身体力行
- 学以致用
- 刮垢磨光
- 含英咀华
- 温故知新
- 切磋琢磨
- 如切如磋
- 寻章摘句
- 摘句寻章
- 寻行数墨
- 学无常师
- 无师自通
- 贪多务得
- 贪多嚼不烂
- 食古不化
- 食而不化
- 学非所用
- 宝山空回

学习态度
- 补苴罅漏
- 精益求精
- 兼容并包
- 兼收并蓄
- 走马观花
- 走马看花
- 生吞活剥（32）
- 囫囵吞枣（34）
- 不求甚解
- 浮光掠影
- 浅尝辄止

专注
- 全神贯注
- 专心致志（36）
- 聚精会神
- 目不转睛
- 屏气凝神
- 心无二用
- 心无旁骛
- 一门心思
- 全心全意
- 一心一意
- 寝食俱废
- 坐想行思
- 行思坐想

分散
- 心粗气浮
- 三心二意
- 心不在焉

求教
- 程门立雪（38）
- 移樽就教
- 不吝赐教
- 不吝珠玉
- 不耻下问
- 择善而从
- 载酒问字
- 执经问难
- 质疑问难

恒心
- 日就月将
- 有始有终
- 精诚所至，金石为开
- 善始善终
- 再接再厉
- 锲而不舍
- 坚忍不拔
- 日计不足，岁计有余
- 坚韧不拔
- 坚苦卓绝
- 动心忍性
- 行百里者半九十
- 跛鳖千里
- 驽马十驾
- 坚持不懈
- 持之以恒
- 愚公移山
- 精卫填海（40）
- 水滴石穿（42）
- 铁砚磨穿
- 磨穿铁砚（44）
- 绳锯木断
- 铁杵成针
- 磨杵成针（46）
- 只要功夫深，铁杵磨成针

附录 分类成语 09 勤奋和进取

一鼓作气（48）

松懈放弃
- 半途而废（50）
- 知难而退（52）
- 视为畏途
- 三天打鱼，两天晒网
- 一曝十寒
- 有始无终
- 有头无尾
- 自暴自弃
- 破罐破摔
- 一蹶不振
- 望而却步
- 临阵脱逃

责任
- 以身作则（54）
- 天下兴亡，匹夫有责
- 责无旁贷
- 任重道远
- 任重致远
- 负重致远
- 一身二任

志向
闻鸡起舞（56）
- 老当益壮
- 穷当益坚，老当益壮
- 老骥伏枥
- 雄心壮志
- 宏图大志
- 鸿鹄之志
- 青云之志
- 夸父逐日
- 夸父追日
- 三户亡秦
- 野心勃勃
- 有志之士
- 志在千里
- **乘风破浪（62）**
- 长风破浪
- 未竟之志
- 事在人为
- 人定胜天
- 九天揽月
- 战天斗地
- **卧薪尝胆（58）**
- 忍辱负重
- 豪情壮志
- 壮志凌云
- 胸怀大志
- 高飞远举
- 壮气吞牛
- 有志者，事竟成
- 宁为鸡口，不为牛后
- 雄心勃勃
- 志在四方
- 四海为家
- 投笔从戎
- **中流击楫（60）**
- 壮志未酬
- 人各有志
- 人穷志短
- 求田问舍

107

附录 分类成语 10 功名和权势

功名

一鸣惊人（64）
出人头地（66）
封官许愿
封侯拜将
拜将封侯
封妻荫子
光宗耀祖
扬名显亲
显亲扬名
功成名就
功成名遂
功名富贵
谈笑封侯
衣锦还乡
衣绣夜行（68）
衣锦夜行
白发青衫
冯唐易老，李广难封

名声

一举成名
声名鹊起
立身扬名
声价十倍
身价百倍
大红大紫
大名鼎鼎
鼎鼎大名
赫赫有名
如雷贯耳
树大招风
金字招牌

驰名中外
誉满天下
举世闻名
举世瞩目
名满天下
名扬天下
名扬四海
名震天下
名动天下
闻名遐迩
遐迩闻名
家喻户晓

久负盛名
名噪一时
百世不磨
流芳百世
流芳千古
名垂千古
名垂青史
青史流芳
万古流芳
雁过留声
豹死留皮
人死留名
永垂不朽
死而不朽

名不虚传
名副其实
名实相副
名实相符
名下无虚
实至名归
当之无愧

名不副实
盛名难副
盛名之下，其实难副
有名无实

徒有虚名
蜗角虚名（70）

蜗角蝇头
蝇利蜗名

身败名裂
遗臭万年（72）

臭名远扬
臭名昭著
声名狼藉
赃污狼藉
声名扫地

威信扫地

寂寂无闻
默默无闻
湮没无闻
无声无臭
不见经传
无名鼠辈
无名小卒

声望

有头有脸
名门望族

泰山北斗
德高望重
德厚流光
百川归海

天下归心
众星捧月
众望所归（74）

近悦远来
人心向背
人心所向
声威大震

威震天下
德艺双馨
鲁殿灵光
山高水长

生荣死哀
树碑立传

争名夺利

浮名虚利

名缰利锁
名利双收
贪名逐利
争名夺利

争权夺利
追名逐利
沽名钓誉
好大喜功

欺世盗名
盗名欺世
汲汲营营
蝇集蚁附

蝇营狗苟
狗苟蝇营
长袖善舞
掠人之美

急功近利
急于求成

附录 分类成语 10 功名和权势

成败
成败利钝
成王败寇
功败垂成（76）
功亏一篑
毁于一旦
成也萧何，败也萧何（78）
一事无成
一无所成
白首空归
碌碌无为
庸庸碌碌
头破血流
败军之将
虽败犹荣

得失
是非得失
成败得失
得失成败
鸡虫得失
得失荣枯
盛衰荣辱
不求闻达
一无所求
亡戟得矛（80）
乞浆得酒
楚弓楚得（82）
惜指失掌（84）
因小失大
贪小失大（86）
爱鹤失众
得不偿失
明珠弹雀
隋珠弹雀
旋得旋失
失之交臂
合浦还珠（88）
完璧归赵
物归原主
失而复得
失之东隅，收之桑榆

成就功绩
不负众望
不辱使命
少年得志
春风得意
三十而立
大器晚成
一飞冲天
时势造英雄
卓有成效
大功告成
昭如日星
粲然可观
震古烁今
震古铄今
彪炳千古
彪炳日月
文治武功
丰功伟绩
丰功伟业
存亡继绝
开天辟地
补天浴日
炼石补天
积厚流光
建功立业
劳苦功高（90）
赫赫之功
不世之功
汗马功劳
尺寸之功
丝发之功
戴罪立功
功不可没
功成不居
论功行赏
邀功求赏
贪天之功（92）

权贵
九五之尊
皇亲国戚
王公贵族
达官贵人
王侯将相
出将入相
腰金衣紫
衮衮诸公
钦差大臣
三朝元老

官员
弹冠相庆
粉墨登场
下车伊始
走马上任
鸣锣开道
劳师动众
轻车简从
冠盖如云
冠盖相望
一国三公
十羊九牧（94）
五日京兆
学而优则仕
高官厚禄
一官半职
一身二任
抱关击柝
爱民如子
廉洁奉公
奉公守法
为国为民
公事公办
……失职……
人浮于事
文恬武嬉
官官相护
尸位素餐（96）
三旨相公（98）
伴食宰相
擅离职守

附录 分类成语 10 功名和权势

官员

玩忽职守
监守自盗
贪污腐化
贪赃枉法

徇情枉法
招权纳贿
徇私舞弊
营私舞弊
中饱私囊
假公济私

以权谋私
……升迁……
平步青云
青云直上
扶摇直上
一日九迁

一步登天
白日升天
飞黄腾达
官运亨通
加官进爵
加官进禄

临危受命
……辞官……
急流勇退
功成身退
封金挂印
悬车致仕

告老还乡
解甲归田

权势

一呼百诺
一呼百应
树大根深
拥兵自重
问鼎中原

称王称霸
称孤道寡
挟天子
以令诸侯
举足轻重
翻云覆雨
叱咤风云

显赫一时
烜赫一时
炙手可热
（100）
气焰熏天
熏天赫地
权倾天下

挟权倚势
上方宝剑
尚方宝剑
生杀予夺
势倾朝野
手眼通天
一手遮天

大权独揽
高高在上
侯门似海
一人得道，
鸡犬升天
（102）
大权旁落

百足之虫，
死而不僵
人微言轻
身轻言微

管理

垂帘听政
各司其事
各司其职
发号施令

广开言路
取信于民
文武之道
偃武修文
精兵简政
宽猛相济

清规戒律
发奸擿伏
正本清源
拨乱反正
扫除天下
兼善天下

兼济天下
经天纬地
富国安民
富国强兵
齐家治国
治国安民

保国安民
济世安邦
济世安民
济世救人
济世匡时
医时救弊

安邦定国
一匡天下

分类成语

图书在版编目（CIP）数据

把成语用起来：一读就会用的分类成语故事．五，
勤奋和进取　功名和权势 / 歪歪兔童书馆编著． -- 北京：
海豚出版社，2020.5（2023.11重印）
ISBN 978-7-5110-5136-3

Ⅰ．①把… Ⅱ．①歪… Ⅲ．①汉语－成语－故事－青
少年读物 Ⅳ．① H136.31-49

中国版本图书馆CIP数据核字（2020）第 000047 号

把成语用起来——一读就会用的分类成语故事
歪歪兔童书馆 / 编著

出 版 人：王　磊
策　　划：宗　匠
监　　制：刘　舒
策划编辑：宋　文
撰　　文：叶晶晶
绘　　画：徐敏君
责任编辑：许海杰　胡瑞芯
装帧设计：王　蕾　侯立新
责任印制：于浩杰　蔡　丽
法律顾问：中咨律师事务所　殷斌律师

出　　版：海豚出版社
地　　址：北京市西城区百万庄大街24号　邮　　编：100037
电　　话：（010）85164780（销售）　（010）68996147（总编室）
传　　真：（010）68996147
印　　刷：北京博海升彩色印刷有限公司
开　　本：16 开（860 毫米×1130 毫米）
印　　张：73.25
字　　数：800 千
印　　数：190001-200000
版　　次：2020 年 5 月第 1 版
印　　次：2023 年 11 月第 12 次印刷
标准书号：ISBN 978-7-5110-5136-3
定　　价：450.00 元（全十册）

版权所有　　　侵权必究